WISSEN FÜR KINDER

STEINE
und Fossilien

OMNIBUS

Der OMNIBUS Taschenbuchverlag gehört zu den
Kinder- & und Jugendbuch-Verlagen in der
Verlagsgruppe Random House
München · Berlin · Frankfurt · Wien · Zürich
www.omnibus-verlag.de

Band 21051

Deutsche Erstausgabe Januar 2002
Gesetzt nach den Regeln der Rechtschreibreform
© 2002 C. Bertelsmann Jugendbuch Verlag, München,
in der Verlagsgruppe Random House GmbH
Alle deutschsprachigen Rechte vorbehalten
Die englische Originalausgabe erschien 2001
unter dem Titel »Marshall Mini – Rocks, Minerals and Fossils«
A Marshall Edition
© 2000 Marshall Editions Developments Ltd.
All rights reserved
Originaltext von: Barbara Taylor
Übersetzerin: Martina Tichy
Projektbetreuung, Umschlaggestaltung und Satz:
Atelier Langenfass, Ismaning
Redaktion: Textpraxis, Dagmar Reichardt
st · Herstellung: WM
ISBN 3-570-21051-0
Printed in Hongkong
10 9 8 7 6 5 4 3 2 1

WISSEN FÜR KINDER

STEINE
und Fossilien

Barbara Taylor
Aus dem Englischen von Martina Tichy

Inhalt

• • • • • • • • • • • • • • • • • • • •

IM ERDINNEREN

Die ältesten Gesteine auf der Erde sind durch Vulkanausbrüche entstanden, bei denen geschmolzene Lava tief aus dem Erdinneren an die Oberfläche gelangt.

Was sind Gesteine?

Vom Boden unter deinen Füßen über Berge und Felsklippen bis zu den Kieseln am Strand – überall findest du Gestein. Selbst Erde besteht aus Gesteinsteilchen.

Schlüssel zur Geschichte

Gesteine sind die festen Bestandteile der Erdkruste. Von der Entstehung der Erde bis zum heutigen Tag formen sie sich beständig neu. Sie stecken voller Hinweise auf die Vergangenheit unserer Erde und zeigen uns, welchen Einfluss Naturgewalten wie Wind und Wasser im Lauf von Jahrmillionen auf das Bild der Landschaft ausgeübt haben. Die Wissenschaftler, die sich mit dem Studium der Gesteine (Geologie) beschäftigen, heißen Geologen.

Ein Geologe untersucht uraltes Gestein in Grönland.

Gesteinsarten

Bei den Gesteinen unterscheidet man drei Arten. Magmatisches Erstarrungsgestein entsteht durch das Abkühlen von Magma (flüssiger Lava). Sedimentgestein besteht größtenteils aus Ablagerungen (Sedimenten) anderer Gesteine. Metamorphes Gestein ist umgewandeltes Magma- oder Sedimentgestein.

70 Prozent der Erde besteht aus (magmatischem) Basalt.

Minerale

Gesteine bestehen aus Verbindungen von natürlichen chemischen Elementen (Mineralen), die meist Kristalle bilden. Es gibt über 3 000 verschiedene Minerale, von denen jedoch nur eine Handvoll den Großteil unseres Erdgesteins bildet.

Epidot – ein Mineral.

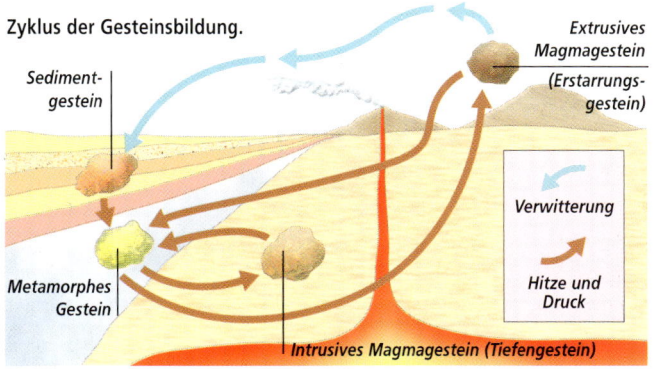

Zyklus der Gesteinsbildung.

Extrusives Magmagestein (Erstarrungsgestein)

Sediment-gestein

Metamorphes Gestein

Verwitterung

Hitze und Druck

Intrusives Magmagestein (Tiefengestein)

Zyklus der Gesteinsbildung

Gestein entsteht aus Mineralen, die in einem Kreislauf von Werden und Vergehen über hunderte von Jahrmillionen immer wieder neue Gesteinsformen bilden, abgetragen werden und tief in der Erde schmelzen – bis der Kreislauf von neuem beginnt.

Sandstein ist ein Sedimentgestein.

Schiefer ist ein metamorphes Gestein.

Welt aus Stein

Die Erde besteht vor allem aus Stein. Unter der dünnen, festen Erdkruste liegt eine sehr dicke Schicht aus heißem, geschmolzenem Gestein, der Erdmantel. Der Kern im Erdinneren ist aus Metall.

Erdkruste

Erdmantel

Äußerer Erdkern

Innerer Erdkern

Die Erde setzt sich aus vier Schichten zusammen. Druck und Hitze im inneren Erdkern sind immens groß.

Von innen betrachtet

Mit seinen 3 000 Kilometern ist der Erdmantel die dickste Schicht der Erde. Hitze und Druck im oberen Teil verwandeln das Gestein in eine zähflüssige Masse. Die Metalle im äußeren Erdkern sind ebenfalls geschmolzen. Im inneren Erdkern ist der Druck so hoch, dass das Metall fest bleibt, trotz Temperaturen bis 5 500°C und mehr. Die Wissenschaftler können nicht bis zum Erdmantel oder gar zum Kern vordringen; deshalb zeichnen sie bei Erdbeben den Verlauf der Druckwellen auf, um so mehr über das Erdinnere zu erfahren.

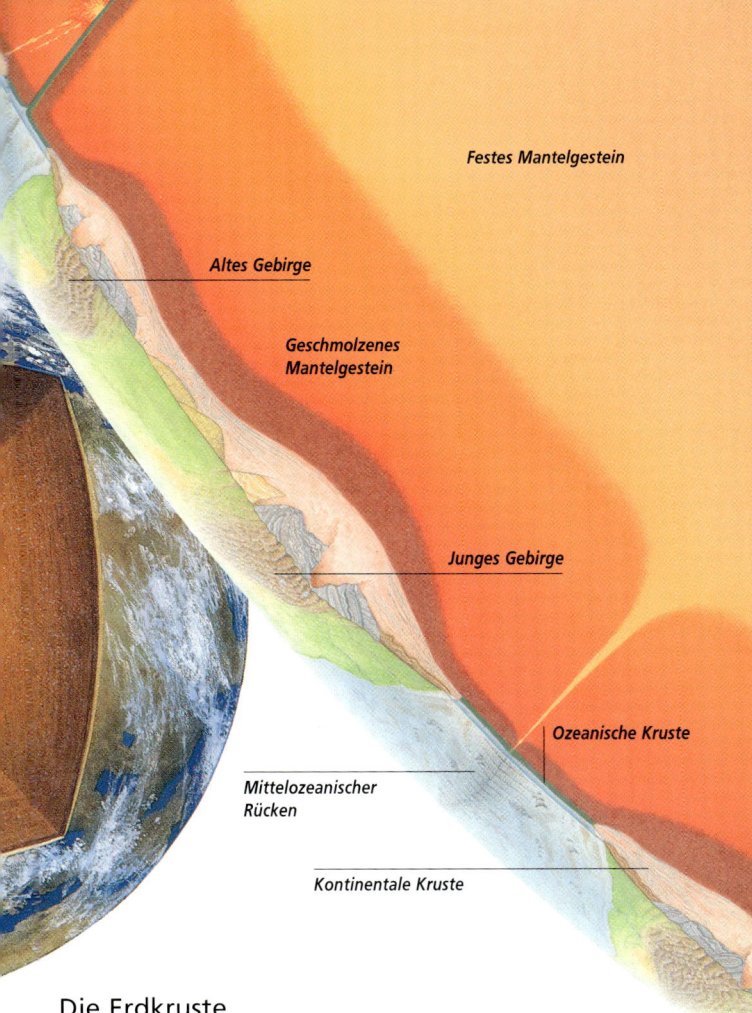

Festes Mantelgestein

Altes Gebirge

Geschmolzenes
Mantelgestein

Junges Gebirge

Ozeanische Kruste

Mittelozeanischer
Rücken

Kontinentale Kruste

Die Erdkruste

Die steinerne Erdkruste, auf der wir leben, ist im Verhältnis so dünn
wie die Schale eines Apfels. Im Durchschnitt ist sie 30 Kilometer, unter
Gebirgen jedoch bis zu 65 Kilometern tief. Dafür ist die ozeanische
Kruste nur etwa 8 Kilometer dünn.

Die Kontinental-verschiebung

Die Erdkruste ist so rissig wie die geborstene Schale eines hartgekochten Eis. Die einzelnen Teile, Platten genannt, driften langsam um den Erdball und nehmen dabei die Kontinente mit sich.

Warum bewegen sich die Platten?

Die Risse in der Erdkruste und die Verschiebung der Platten entstehen durch die Bewegungen des geschmolzenen Gesteins tief im Erdmantel. Die Platten verschieben sich pro Jahr nur um einige Zentimeter, doch im Verlauf vieler hundert Jahrmillionen können sie weite Strecken zurücklegen. Die Plattenverschiebungen beeinflussen das Klima auf dem Festland und die Verbreitung von Tieren und Pflanzen.

Vor 220 Millionen Jahren bildeten alle Kontinente einen gemeinsamen Urkontinent namens Pangäa. Dinosaurier bevölkerten das Land und Ammoniten durchschwammen das Meer.

Vor 100 Millionen Jahren hatte die Kontinental-verschiebung bereits begonnen. Nord- und Südamerika trieben von Europa und Afrika weg; Indien war ein Inselkontinent. Zu den Dinosauriern gesellten sich die ersten Säugetiere und Vögel.

Vor 40 Millionen Jahren hatten sich die Kontinente weiter voneinander entfernt. Indien war auf Asien geprallt und Australien hatte sich von der Antarktis gelöst. An Stelle der mittlerweile ausgestorbenen Dinosaurier entwickelten die Säuge-tiere rasch eine ungeheure Artenvielfalt.

Die Kontinente verschoben sich weiterhin bis zu der Lage, die sie heute in der vom Menschen beherrschten Welt einnehmen. Irgendwann wird Afrika an Europa anstoßen, Australien auf Asien prallen und Kalifornien sich von Nordamerika lösen.

Woher wissen wir das?

Ein Beweis für die Kontinentalverschiebung sind die jeweiligen Umrisse der Kontinente, die sich wie ein Riesenpuzzle ineinander fügen. Außerdem wurden auf heute weit voneinander entfernt liegenden Kontinenten die gleichen Gesteinsarten und Fossilien gefunden. Vermutlich waren die Kontinente also einst verbunden, lösten sich aber im Lauf der Zeit voneinander.

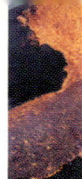

Erde in Aufruhr

Wo die Erdplatten aufeinander treffen, verschieben sich gewaltige Gesteinsblöcke. Durch den enormen Druck entstehen nicht nur Berge und Täler, sondern auch Vulkanausbrüche und Erdbeben.

Magmabewegungen

Die Platten verschieben sich infolge der langsamen Umwälzung des dicken, zähflüssigen Magmagesteins im Erdmantel. Das Magma wird vom Erdkern aufgeheizt und damit leichter, es verflüssigt sich, steigt nach oben, kühlt dort ab, verfestigt sich und sinkt wieder nach unten. Dieser gewaltige Zirkulationsprozess, auch Konvektionsstrom genannt, verteilt die Hitze des Magmas in einem endlosen Kreislauf.

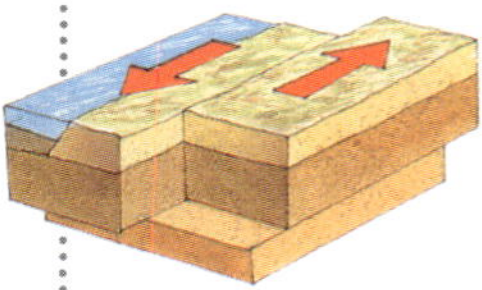

Wenn zwei Platten aneinander vorbeigleiten, entstehen Bruchzonen oder Verwerfungen wie etwa die San-Andreas-Spalte in Kalifornien. Entlang dieser Bruchzonen kommt es häufig zu Erdbeben.

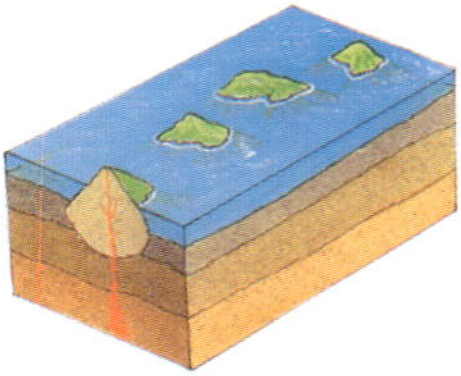

Bisweilen bohrt sich das Magma durch eine Erdplatte und lässt Vulkaninseln wie Hawaii entstehen.

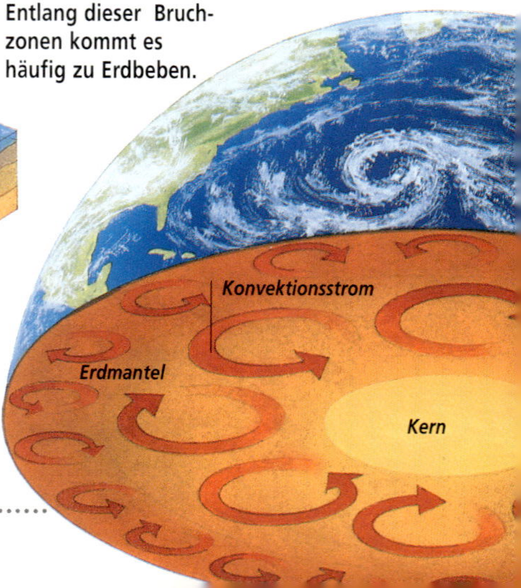

Konvektionsstrom

Erdmantel

Kern

Der Ostafrikanische Senkungsgraben

Der Ostafrikanische Senkungsgraben entstand möglicherweise bei der Spaltung einer Erdplatte. Zwischen zwei parallelen Verwerfungen sackte ein massiver Felsblock ab und schuf das »versunkene Tal«. Eines Tages könnte sich Ostafrika an dieser Stelle vom afrikanischen Kontinent lösen.

Die Olduvai-Schlucht im Ostafrikanischen Senkungsgraben.

Die meisten Platten treiben im Ozean auseinander. Magma quillt durch den Spalt empor, kühlt sich ab, wird fest und bildet unterseeische Gebirge, die mittelozeanische Rücken genannt werden.

Wenn zwei Platten zusammenprallen, faltet die Erdkruste sich auf und formt Gebirge wie den Himalaja oder die Alpen.

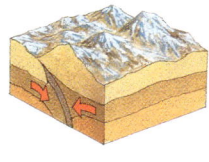

Wenn eine Platte unter eine andere absinkt, bilden sich tiefe Ozean-Täler oder Gräben. So entstand auch der Japanische Graben.

Plattentektonik

Durch die Plattentektonik lassen sich die in der Erde wirkenden (tektonischen) Kräfte erklären, die Gestein verformen oder zerbrechen und so die Erdkruste verschieben.

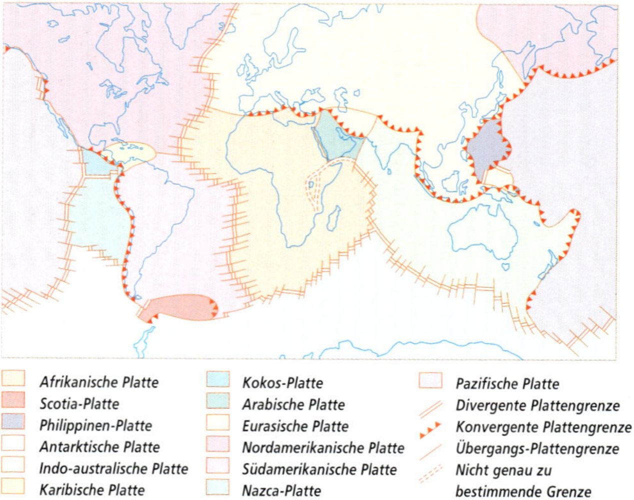

Afrikanische Platte	Kokos-Platte	Pazifische Platte
Scotia-Platte	Arabische Platte	Divergente Plattengrenze
Philippinen-Platte	Eurasische Platte	Konvergente Plattengrenze
Antarktische Platte	Nordamerikanische Platte	Übergangs-Plattengrenze
Indo-australische Platte	Südamerikanische Platte	Nicht genau zu
Karibische Platte	Nazca-Platte	bestimmende Grenze

Platten und Ränder

Die Erdkruste unterteilt sich in etwa neun große und zwölf kleinere Platten. Sie bestehen aus ozeanischer Kruste oder umfassen halbe und ganze Kontinente. An den Grenzen oder Rändern von Platten, die sich voneinander entfernen (divergente oder konstruktive Platten), bildet sich vor allem Basaltgestein. An Rändern, die sich aufeinander zu bewegen (konvergent oder destruktiv), finden sich Gesteine wie Andesit und Granit. Ränder von Platten, die aneinander vorbeigleiten, nennt man konservativ.

Erdplatten und Landschaft

Die Bewegungen der Platten unter der Erdoberfläche beeinflussen das Erscheinungsbild der Erde dramatischer als die von oben einwirkende Erosion durch Wind und Wasser. Durch die Bewegungen schieben sich gewaltige Bergketten zusammen, entstehen Erdspalten, durch die Vulkane ausbrechen, und bersten bei Erdbeben die Gesteinsschichten.

Direkt vor der argentinischen Küste verläuft eine Plattengrenze.

Erdbebenzonen

Die unterirdischen Plattenverschiebungen führen häufig zu einem Überdruck. Ein ruckartiger Druckausgleich lässt die Erde zittern und erbeben. Dabei können Gebäude einstürzen und, infolge von beschädigten Gas- und Stromleitungen, Brände entstehen. Manche Gebäude sind aber auch erdbebensicher gebaut.

Erdbebensicheres Gebäude

Epizentrum   *Verwerfung*

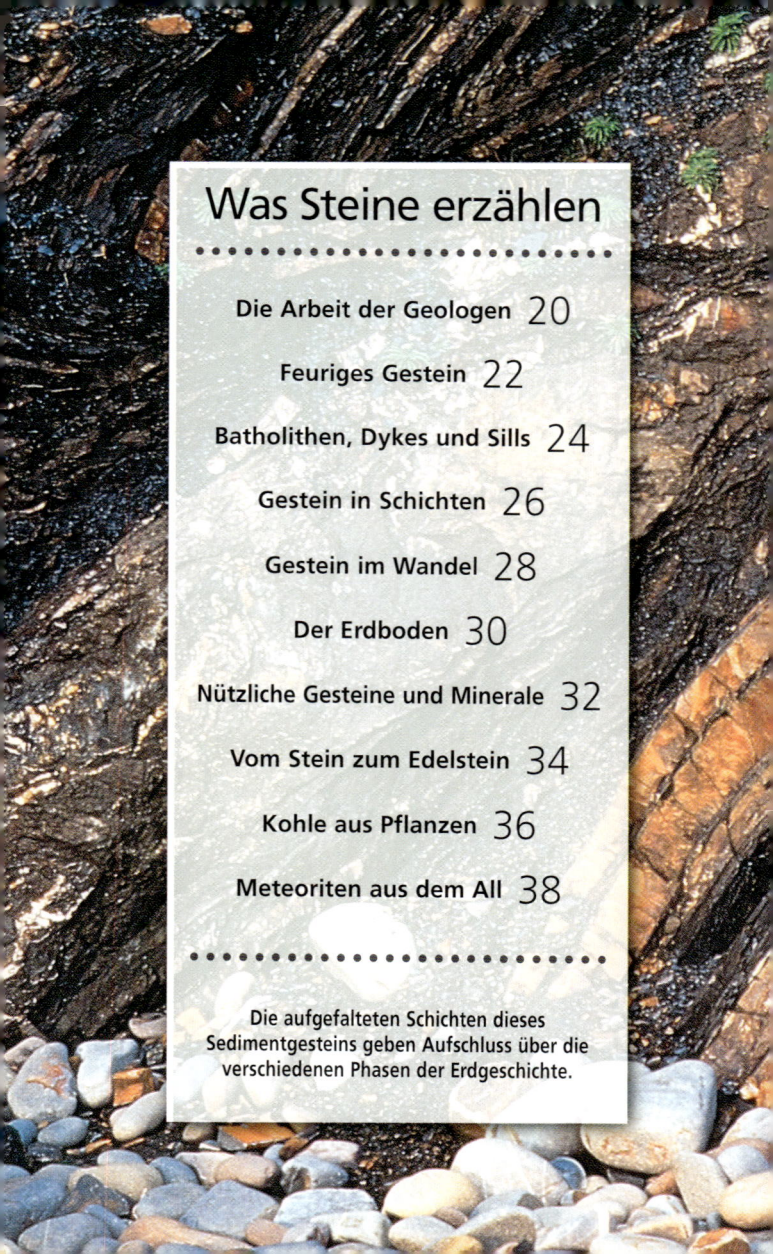

Was Steine erzählen

Die aufgefalteten Schichten dieses Sedimentgesteins geben Aufschluss über die verschiedenen Phasen der Erdgeschichte.

Die Arbeit der Geologen

Manche Geologen erforschen Gesteine und Minerale, andere erkunden Erdölvorkommen und Erzlagerstätten oder arbeiten als Ingenieurgeologen beim Bau von Dämmen, Tunneln und Brücken mit.

Das Studium der Gesteine

Die Geologie hat viele Zweige. Petrologen beschäftigen sich mit den Ursprüngen, der Struktur und der Zusammensetzung von Gesteinen. Mineralogen untersuchen die Minerale im Gestein und Paläontologen die dort entdeckten Fossilien.

Ein Geologe untersucht einen Stein mit der Lupe.

Unter dem Mikroskop

Die unscheinbarsten Steine enthüllen unter dem Mikroskop des Geologen oft leuchtende Farben und faszinierende Muster. Hauchdünn aus dem Stein geschnittene, durchsichtige Scheiben verraten exakt die Herkunft und Zusammensetzung des Gesteins.

Kristalle von Feldspat, Olivin und Pyroxen in einem aufgeschnittenen Dolerit.

20

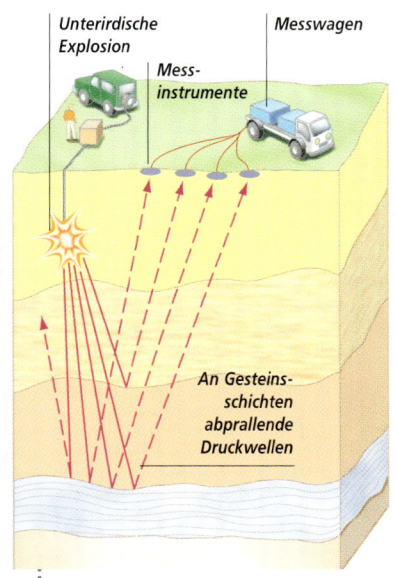

Unterirdische Explosion

Messwagen

Mess-instrumente

An Gesteins-schichten abprallende Druckwellen

Durch künstliche Explosionen entstehen unterirdische Druckwellen, deren Echo auf mögliche Ölvorkommen hinweist.

Erkundung

Mit Hilfe einer Vielzahl geophysikalischer Instrumente können Geologen in große Tiefen vordringen und dort Bodenschätze wie Öl, Edelmetalle und andere Minerale orten. Die drei wichtigsten Methoden zur Erkundung: die Aufzeichnung der Druckwellen nach unterirdischen Explosionen (links); die Bestimmung von dichtem Gestein mit möglichen Erzablagerungen; die Messung feinster Schwankungen im Magnetfeld der Erde, um stark eisenhaltiges Gestein aufzuspüren. Hochempfindliche Geräte finden bei der Suche nach radioaktiven Mineralen wie Uran und Thorium Einsatz.

Geologische Karten

Nach der Erkundung eines Gebietes werden die unterirdischen Gesteinsarten auf einer geologischen Karte verzeichnet. Sie geben anderen Geologen auf der Suche nach bestimmten Gesteinen, Mineralen und Fossilien Hinweise, in welchen Gebieten sie fündig werden. Außerdem geben die Karten Auskunft über die Struktur des unterirdischen Gesteins.

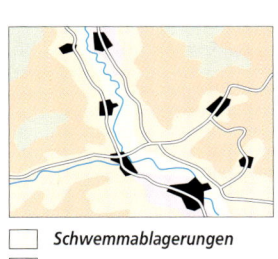

☐ *Schwemmablagerungen*
☐ *Tonsandstein*
☐ *Ton*
☐ *Kalkstein*
☐ *Granit*

21

Feuriges Gestein

Magmatisches oder Erstarrungsgestein entsteht, wenn rotglühendes Magma aus dem Erdmantel aufsteigt, abkühlt und in oder auf der Erdkruste erstarrt. »Magma« bedeutet auf Griechisch »zähflüssige Masse«.

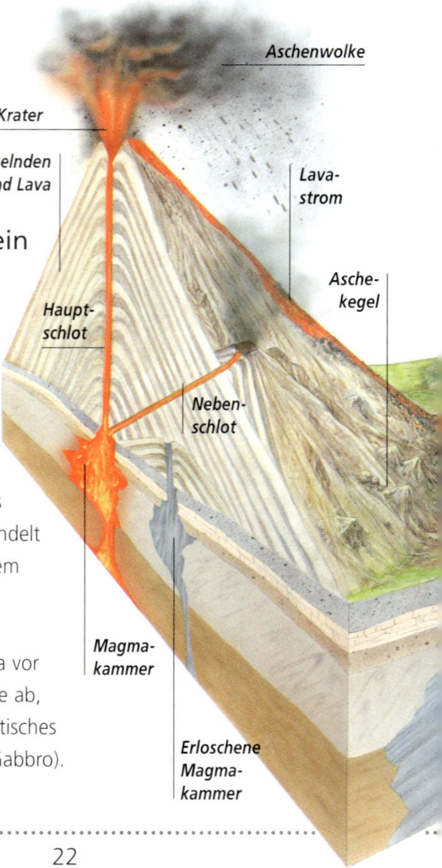

Aschenwolke

Krater

Kegel aus abwechselnden Schichten von Asche und Lava

Lava-strom

Vulkanisches Gestein

Manchmal wird durch Erdöffnungen (Vulkane) Magma ausgeworfen. Magma ist unvorstellbar heiß – mindestens 800°C, mitunter sogar mehr als 1 200°C. An der Erdoberfläche wird das Magma zu Lava. Diese wandelt sich abgekühlt zu extrusivem magmatischem Gestein (etwa Basalt, Rhyolith und Andesit). Kühlt das Magma vor Erreichen der Erdoberfläche ab, bildet es intrusives magmatisches Gestein (wie Granit oder Gabbro).

Asche-kegel

Haupt-schlot

Neben-schlot

Magma-kammer

Erloschene Magma-kammer

Plattenränder

Vulkanausbrüche und Erdbeben ereignen sich meist an den Platten-
rändern. Die Bewegungen des geschmolzenen Gesteins im Erdmantel
übertragen sich auf die Platten, wodurch die Erdkruste sich aufwirft,
verschiebt und absinkt. Die kreisförmig um die pazifische Platte
angeordneten Vulkane bilden einen so genannten »Feuerring«.

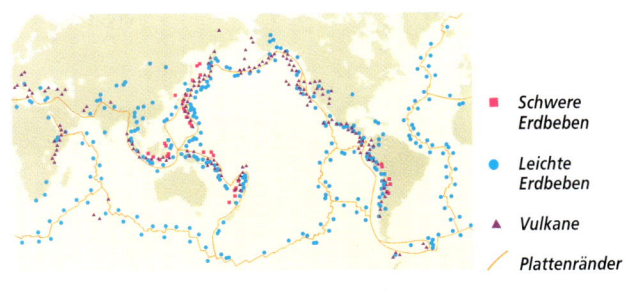

■ Schwere
Erdbeben

● Leichte
Erdbeben

▲ Vulkane

╱ Plattenränder

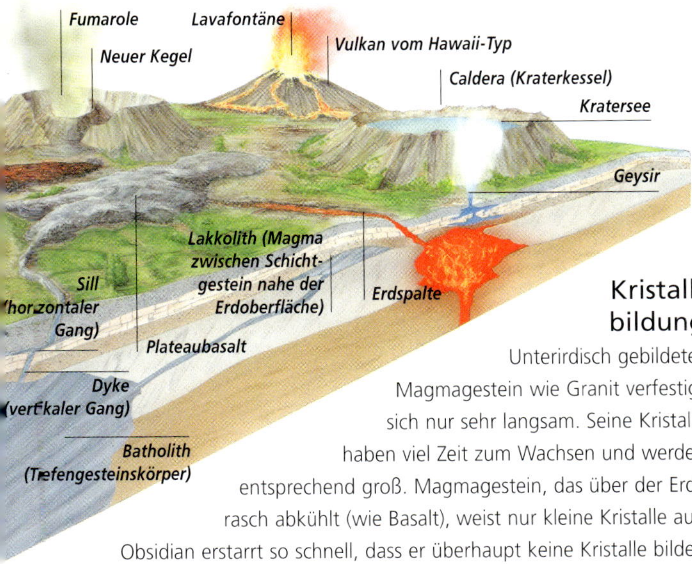

Fumarole   Lavafontäne

Neuer Kegel

Vulkan vom Hawaii-Typ

Caldera (Kraterkessel)

Kratersee

Geysir

Lakkolith (Magma
zwischen Schicht-
gestein nahe der
Erdoberfläche)

Erdspalte

Sill
(horizontaler
Gang)

Plateaubasalt

Dyke
(vertikaler Gang)

Batholith
(Tiefengesteinskörper)

Kristall-
bildung

Unterirdisch gebildetes
Magmagestein wie Granit verfestigt
sich nur sehr langsam. Seine Kristalle
haben viel Zeit zum Wachsen und werden
entsprechend groß. Magmagestein, das über der Erde
rasch abkühlt (wie Basalt), weist nur kleine Kristalle auf.
Obsidian erstarrt so schnell, dass er überhaupt keine Kristalle bildet.

Batholithen, Dykes und Sills

Wenn Magma unter der Erde abkühlt und fest wird, bildet es riesige, kuppelförmige Batholithen (Tiefengesteinskörper) sowie horizontale und vertikale Gänge, die als Sills und Dykes bezeichnet werden.

Plutonische und teilkristalline Gesteine

Batholith oder plutonisches Gestein (benannt nach dem griechischen Gott der Unterwelt) bildet sich mehrere Kilometer tief unter der Erde aus magmatischem Gestein. Plutonische Gesteine wie Granit, Gabbro oder Diorit sind grobkörnig, weil das Magma in dieser Tiefe nur sehr langsam abkühlt. Die aus magmatischem Gestein gebildeten Sills und Dykes kühlen rascher ab als plutonische Gesteine, weil sie in kleineren Hohlräumen nahe der Erdoberfläche entstehen. Teilkristalline Gesteine wie Quarzporphyr und Diabas sind daher feinkörniger.

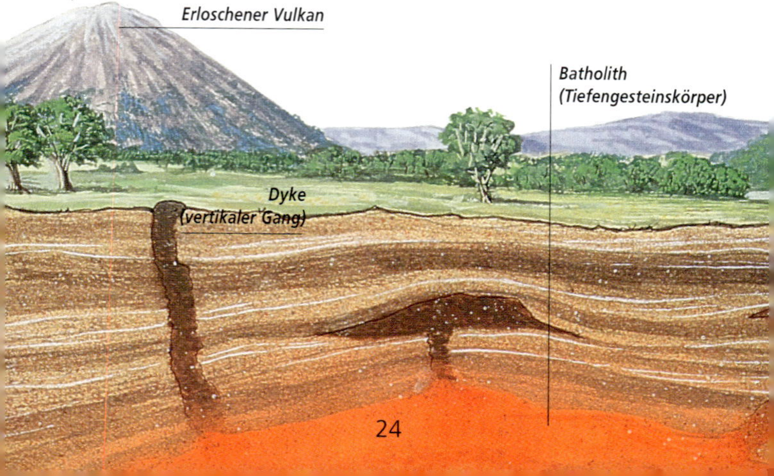

Erloschener Vulkan

Batholith (Tiefengesteinskörper)

Dyke (vertikaler Gang)

Vulkanische Stopfen

Wenn Wind und Wasser den eigentlichen Vulkan abgetragen haben, bleibt mitunter das im Hauptschlot erstarrte Magma als Felsturm stehen. Der Devil's Tower (unten) ist 263 Meter hoch.

Der Devil's Tower (Wyoming, USA) ist ein vulkanischer Stopfen.

Erstarrter Lavastopfen nach Erosion des Vulkans

Sill (horizontaler Gang)

Die Devil's Marbles (Teufelsmurmeln) in Australien bestehen aus Granit.

Der Weg ans Tageslicht

Batholithen, Sills und Dykes werden auch als intrusive Tiefengesteine bezeichnet, weil sie unterirdisch in andere Gesteinsschichten eindringen. Sie kommen häufig ans Tageslicht, weil das umliegende, weichere Gestein rascher abgetragen wird. Dann stehen sie isoliert als Berge oder Findlingstürme in der Landschaft.

Gestein in Schichten

Sedimentgesteine bestehen aus verwitterten Gesteinsteilen (Sedimenten), die sich in Schichten ablagern und zu neuem Gestein aushärten, oder aus in Wasser gelösten Lebewesen und Mineralen.

Wie entstehen Sedimente?

Wenn Naturkräfte wie Wasser und Wind das Gestein abtragen, sammelt sich lockeres Sediment (Lehm, Sand, Erde und Kiesel) auf der Erdoberfläche. Flüsse, Gletscher, Wind und Wellen nehmen die Sedimente mit sich fort, bis sie sich am Grund von Meeren und Seen, in Flussbetten, an Stränden oder in Wüsten ablagern. Die Sedimentschichten werden langsam zermahlen und zu neuem Gestein verbacken.

Sedimente sammeln sich am Festlandsockel

Unterseeischer Cañon

Tiefsee-Sedimentkegel

Viele Sedimente sammeln sich an Küsten und gelangen durch unterseeische Cañons in die Tiefe, wo sie sich fächerförmig ausbreiten.

Schichtung

Sedimentgestein lagert sich in Betten oder Schichten ab. Die zu Stein gewordenen Ablagerungen bezeichnen die Geologen auch mit dem lateinischen Wort Formation. Die so genannten Schichtungsebenen, die das Gestein durchziehen, markieren die verschiedenen Phasen, in denen sich das Sedimentgestein streifenförmig abgelagert hat.

26

Verdichtung und Bindung

Viele Sedimentschichten übereinander drücken mit ihrem Gewicht das Wasser aus den Teilchen und pressen oder verdichten sie. Übrig bleiben natürliche Bindemittel; sie legen sich um die Sedimentpartikel und zementieren sie ein. Die verbreitetsten Bindemittel sind Calcit, Quarz und Eisenerze.

Calcit (der »Kesselstein«) bindet vor allem Kalkstein, Marmor und Kreide.

Zeitzeugen

In Sedimentgestein findet man häufig erhaltene Überreste urzeitlicher Pflanzen und Tiere, die zwischen den Gesteinsschichten eingeschlossen wurden. Man nennt sie Fossilien. Die Versteinerungen im Grand Canyon zeugen von 500 Millionen Jahren Leben auf der Erde – von Würmern in tieferen Schichten bis zu Reptilien nahe der Oberfläche.

Der Grand Canyon birgt Jahrmillionen alte Fossilien.

Gestein im Wandel

Unter Einwirkung von großer Hitze oder starkem Druck bildet sich aus altem Gestein neues. Man nennt es dann metamorphes Gestein, nach *metamorphosis,* dem griechischen Wort für Verwandlung.

Regionalmetamorphe Gesteinsbildung

Wenn zwei Erdplatten zusammenprallen und ein Gebirge formen, wird das Gestein von Hitze und Druck im Erdinneren zermalmt, zusammengepresst und verbacken. Diese so genannte Regionalmetamorphose ist weit verbreitet. Das Gestein erscheint häufig streifig oder gebändert, weil die Kristalle sich in einer Linie ausrichten. Die Regionalmetamorphose wandelt Schieferton zu Schiefer, beide zu Glimmerschiefer und alle drei zu Gneis.

Glimmerschiefer bildet sich unter extremen Druckverhältnissen. Durch Rekristallisation entstehen neue, aufgefaltete Schichten.

Statuen wie die der griechischen Göttin Athene (links) bestehen aus gemeißeltem und poliertem Marmor.

Kontaktmetamorphe Gesteinsbildung

Wenn Gesteine mit heißem Magma in Berührung kommen, reicht die Hitze allein aus, um sie zu neuem Gestein zu verbacken. Der Grad der Wandlung hängt von Nähe und Menge des Magmas ab. Die Kontaktmetamorphose wandelt Kalkstein zu Marmor, Sandstein zu Quarzit und Schiefer sowie Schlammstein zu Hornfels.

Marmor muss sehr behutsam abgebaut werden. Seine farbige Äderung entsteht durch Verunreinigungen im Kalkstein.

Der Erdboden

Der Erdboden bedeckt als dünne, lockere Schicht die steinige Erdkruste. Er entsteht im Verlauf von hunderten oder tausenden von Jahren aus Felsabtragungen und zersetztem organischem Material.

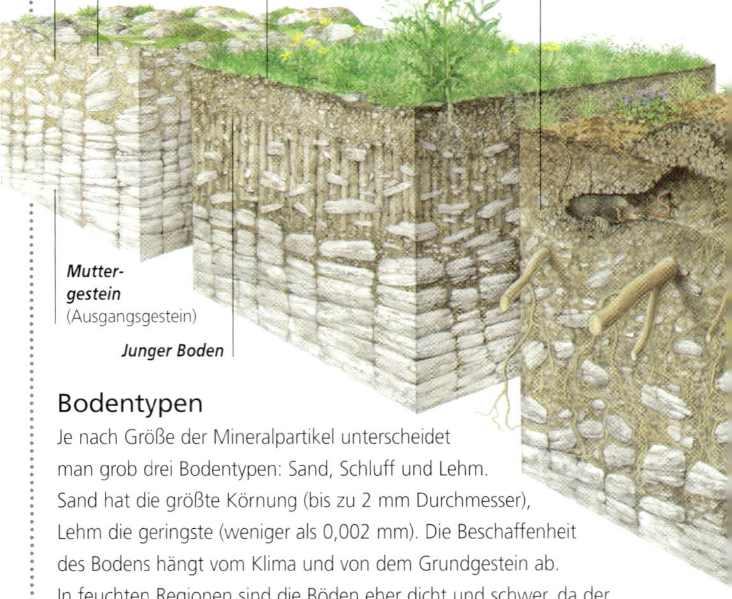

Rohboden

Gesteins-
fragmente

Organisches
Material

Gräser und
Sträucher

Mutter-
boden

Mutter-
gestein
(Ausgangsgestein)

Junger Boden

Bodentypen

Je nach Größe der Mineralpartikel unterscheidet
man grob drei Bodentypen: Sand, Schluff und Lehm.
Sand hat die größte Körnung (bis zu 2 mm Durchmesser),
Lehm die geringste (weniger als 0,002 mm). Die Beschaffenheit
des Bodens hängt vom Klima und von dem Grundgestein ab.
In feuchten Regionen sind die Böden eher dicht und schwer, da der
Regen die Schichten verstärkt mit Material anreichert.

Angehäufte Böden

Manche Böden entstehen nicht aus Gestein, sondern aus dem Material, das Wasser, Wind oder Gletscher auf der Erdoberfläche abgelagert haben. Wegen der Gletscherablagerungen in der letzten Eiszeit sind die Böden auf der Nordhalbkugel fruchtbarer als die auf der Südhalbkugel.

Fruchtbares Farmland in Minnesota, USA.

Ein Boden entsteht

Zunächst zerfällt das Mutter- oder Ausgangsgestein in mineralische Partikel; die ersten Pflanzen wachsen und Wasser sickert nach unten. Es folgt das Stadium des jungen Bodens mit kräftigerem Bewuchs und verrottendem organischem Material. Im Endstadium mischen sich Minerale und organisches Material zum vielschichtigen Mutterboden.

Boden mit zahlreichen Organismen

Das Diagramm zeigt die drei Stadien vom Rohboden (links oben) bis zum Mutterboden (rechts), in dem Würmer und Maulwürfe ausreichend Hohlräume für die Versorgung mit Luft und Wasser schaffen.

31

Nützliche Gesteine und Minerale

Vom Baumaterial über Edelsteine bis hin zu Brennstoffen, Glas und Geld – Gesteine und Minerale sind auf vielerlei Weise in Gebrauch und unabdingbar, um Ziegel, Fliesen, Zement, Gips oder Keramik herzustellen.

Vor über 1 000 Jahren wurde in Mexiko die Nischenpyramide erbaut.

Gestein in der Geschichte

Gesteine spielen in der Geschichte der Menschheit eine wichtige Rolle. Aus Feuerstein fertigten schon unsere Vorfahren vor Jahrmillionen Schneidewerkzeuge und Waffen. Neben dem Ton zum Töpfern entdeckte man im Lauf der Zeit immer wieder neue Verwendungsmöglichkeiten für Gesteine. Heute können wir sie zu Glas schmelzen und sogar Kunststein wie Makadam und Beton gewinnen. Auch Skulpturen lassen sich aus Stein und Metall herstellen.

Metalle

Zuerst entdeckte man gediegene Metalle wie Gold, Silber und Bronze, die in reiner Form als feste Klumpen im Boden zu finden sind. Andere Metalle kommen als Gemenge in Erzen vor. In hoher Konzentration finden sich Metalle in Gesteinsminen; man gewinnt sie durch Brechen und Schmelzen des Erzes im Hochofen. Übrig bleibt das reine Metall. Rund 75 Prozent der chemischen Elemente zählen zu den Metallen. Am häufigsten vertreten sind Aluminium, Eisen, Kalzium, Natrium, Kalium und Magnesium.

Keltische Metallarbeit in Gold.

Silberschmuck

Schlüssel aus Metall.

Kupferrohr

Ton-ziegel

Bauziegel

Tonhaltige Minerale lieferten wahrscheinlich das erste Baumaterial – schon vor 10 000 Jahren fertigte man in der antiken Stadt Jericho Tonziegel. Damals wurden die Blöcke aus Ton und Stroh schlicht in der Sonne getrocknet. Tonziegel sind bis heute ein wichtiges Baumaterial.

Vom Stein zum Edelstein

Die meisten Edelsteine bilden sich tief in der Erde bei der Umwandlung von Gestein durch Hitze oder Druck. Edelsteine sind schön, selten und langlebig. Geschliffen und poliert entwickeln sie einen herrlichen Glanz.

Wie entstehen Edelsteine?

Durch Hitze und Druck tief im Erdinneren sammeln sich seltene Minerale in Gesteinseinschlüssen oder in sehr heißem Wasser. Beim Abkühlen bilden diese Minerale Kristalle, die sich zu Edelsteinen schleifen lassen. Dicht unter der Erde findet man Edelsteine wie Amethyste oder Opale. Sie entstehen durch Verdunstung oder durch Erosion von Vulkangestein.

1 Aquamarin, ein bläulich-grüner Beryll. Färbung durch Eisen.

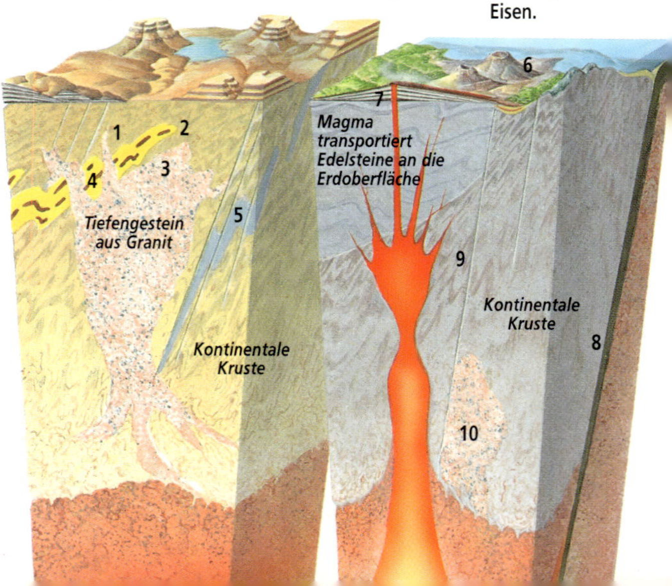

1

2

3

4

5

Tiefengestein aus Granit

Kontinentale Kruste

6

7

Magma transportiert Edelsteine an die Erdoberfläche

8

9

10

Kontinentale Kruste

Diamanten und Kohle

Erstaunlich: Diamanten, Kohle und der Grafit in Bleistiften bestehen aus den gleichen Kohlenstoffatomen, nur in anderer Zusammensetzung. Ihre besonders feste Kristallstruktur macht Diamanten zum härtesten natürlichen Material der Erde.

Diamantenschleifer bei der Arbeit.

2 Heliodor, ein gelber Beryll. Färbung durch Eisen.

3 Morganit, ein rosa Beryll. Färbung durch Mangan.

4 Saphir, ein blauer Korund. Färbung durch Eisen/Titan.

Geschliffener Smaragd

5 Smaragd, ein grüner Beryll. Färbung durch Chrom/Vanadium.

6 Amethyst, ein purpurner Quarz. Färbung durch Eisen.

7 Amazonit, ein blaugrüner Mikroklin. Färbung durch Blei.

8 Jadeit, ein Pyroxen. Grüne und braune Färbung durch Eisen.

9 Rubin, ein roter Korund. Färbung durch Chrom.

10 Peridot, ein grüner, edelsteinartiger Olivin. Färbung durch Eisen.

35

Kohle
aus Pflanzen

Kohle, ein weiches Sedimentgestein (siehe auch S. 76), besteht aus abgestorbenen, im Lauf von Jahrmillionen dicht zusammengepressten Sumpfpflanzen. Kohle ist ein fossiler Brennstoff: Sie liefert uns Heizungswärme.

Wie entsteht Kohle?

Ein Großteil der Kohle auf unserer Erde entstand vor etwa 300 Millionen Jahren. Im Karbon versanken abgestorbene Pflanzen in Sümpfen, wo Sauerstoffmangel die Verrottung durch Bakterien und den natürlichen Zersetzungsprozess verhinderte. Stattdessen sanken sie immer tiefer und verwandelten sich durch Hitze und Druck von Torf zu Kohle.

Übergang von Torf zu Braunkohle

Abgestorbene, unter Erdschichten begrabene Pflanzen werden zu Torf

Weicher brauner Torf besteht zu 60% aus Kohlenstoff, weist aber noch durchgehend Pflanzenreste auf. Brennt mit starker Rauchentwicklung.

Braunkohle besteht zu 73% aus Kohlenstoff. Pflanzenteile sind nur noch stellenweise erkennbar. Braunkohle liegt dicht unter der Erdoberfläche.

Der Kohlenabbau

Kohle bildet sich meist in horizontalen Flözen und wird entweder in riesigen offenen Gruben (Tagebau) oder über einen Förderschacht im Tiefbau gewonnen. Teuer ist der Abbau von Anthrazit, einer seltenen und besonders tief lagernden Kohlensorte.

Ein amerikanischer Bergarbeiter prüft die Luftqualität neben einer Schrämmaschine.

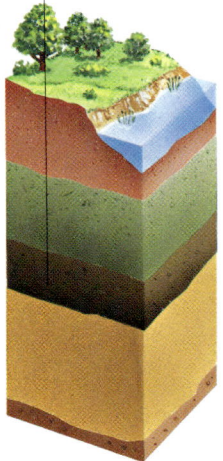

Bei weiterer Verdichtung entsteht Steinkohle

Schwarze Steinkohle ist am verbreitetsten und erzeugt die meiste Wärme. Sie besteht zu 83% aus Kohlenstoff und ist härter als Braunkohle.

Letztes Stadium: Bildung eines Anthrazit-Flözes – 15 cm Torf ergeben 1 cm Anthrazit

Anthrazit ist die älteste und härteste Kohlensorte. Er besteht zu 94% aus Kohlenstoff und verbrennt langsam, bei geringer Rauchentwicklung.

Meteoriten aus dem All

Mitunter werden durch das All treibende Gesteinsbrocken von der Schwerkraft erfasst und stürzen auf die Erde. Diese so genannten Meteoriten liefern Informationen über unser Sonnensystem.

Wie viele Meteoriten?

Pro Jahr landen rund 26 000 Meteoriten auf der Erde, viele davon fallen ins Meer; registriert werden gewöhnlich nur fünf bis sechs. Die Meteoritenkrater sind oft mit Pflanzen bewachsen oder durch Verwitterung und Erosion verschwunden. Einige gigantische Krater haben überdauert. Der Einschlag eines solchen gewaltigen Meteors könnte vor rund 65 Millionen Jahren zum Aussterben der Dinosaurier geführt haben.

Dieser Meteoritenkrater in Arizona (USA) entstand vor ca. 50 000 Jahren und hat bei 170 Metern Tiefe einen Durchmesser von 1,2 km.

Woraus bestehen Meteoriten?

Man unterscheidet zwischen Stein-, Eisen- und Stein-Eisen-Meteoriten. Stein-Meteoriten (Aerolithe) bestehen hauptsächlich aus steinernen Mineralen (Silikaten), vor allem Pyroxen und Olivin. Eisen-Meteoriten (Siderite) bestehen aus Nickel und Eisen, Stein-Eisen-Meteoriten aus einer Mischung von Silikaten und Metallen.

Eisen-Meteorit

Woher kommen die Meteoriten?

Manche stammen aus den Planetoiden-Bahnen zwischen Mars und Jupiter. Andere könnten Bruchstücke vom Mond, vom Mars oder auch von Kometen sein. Nach Ansicht der Wissenschaftler stammen alle Meteoriten aus unserem Sonnensystem.

Ein Meteorit schlägt in die Erde ein.

Die Erdoberfläche

Wettereinwirkungen, Flüsse, Gletscher und Ozeane formen das Bild der Erde. Die hier abgebildeten weichen Felssäulen haben eine Kappe aus hartem Gestein.

Verwitterung

Mit Verwitterung meint man die Zersetzung von oberirdischem Gestein durch Wettereinflüsse. Die Gesteinsteilchen werden von Flüssen, Gletschern, Meer und Wind fortgetragen: Man nennt das Erosion.

Der Verwitterungsprozess

Bei der mechanischen oder physikalischen Verwitterung wird tagsüber aufgeheiztes und nachts abkühlendes Gestein rissig und bröcklig (Frostsprengung). Die chemische Verwitterung geht auf Schädigungen des Gesteins durch Chemikalien wie wasserlösliche Säuren zurück. Auf welche Weise Verwitterung und Erosion das Landschaftsbild beeinflussen, hängt vom Klima und Gesteinstyp ab. Weiche Gesteine, etwa Schlammstein oder Schiefer, verwittern rascher als harte wie Granit. Gestein mit natürlichen Fugen oder Poren verwittert leichter als festes, massives Gestein.

Erosion durch Eis

Erosion durch Wind und Wasser

Erosion durch Wasser

Erosion durch Wasser

Verwitterung und Klima

Wie schnell Gestein sich zersetzt, bestimmt unter anderem das Klima. Warmfeuchtes tropisches Klima begünstigt rasche chemische Verwitterung, kühlfeuchtes Klima hingegen die Frostsprengung. Stürmische Wetterbedingungen mit sintflutartigen Regenfällen, Überschwemmungen und orkanartigen Winden können eine Landschaft binnen Tagen durchgreifend verändern.

In der Wüste ist das Gestein kaum von Pflanzen geschützt; Wind und Wasser formen ungehindert spektakuläre Landschaften.

Flüsse und mitgeschwemmtes Geröll heben V-förmige Täler aus. Über solide Felsvorsprünge ergießen sich Wasserfälle.

Vom Gletschereis mitgebrachter Schotter und Sand zermahlen das darunter liegende Gestein und bilden U-förmige Täler.

Schwere Regenfälle können Erdrutsche auslösen, die im Nu ganze Städte unter sich begraben.

Was Flüsse formen

Auf ihrem Weg zum Meer formen Flüsse die Landschaft, durch die sie fließen. Sie meißeln Täler und Höhlen aus, sie nehmen Steine, Sand und Schlamm mit sich fort und laden sie in Tiefebenen, in Seen und im Meer ab.

Flüsse und Landschaft

Flüsse entspringen oft in regenreichen Gebirgen. Auf ihrem Weg nach unten schneiden sie ein V-förmiges Tal in den Fels. Die mitgerissenen losen Kiesel, Steine und Sandkörner bearbeiten Fels und Erde im Flussbett wie grobes Schmirgelpapier. In der Tiefebene angekommen, führt der Fluss mehr Wasser und fließt breit und gewunden dahin. Die mitgeführten Sedimente lädt er in der Überschwemmungsebene ab.

Flusswindungen (Mäander)

Überschwemmungsebene

Mäanderabschnürung (Altarm)

Delta

Wasser

Sediment

Sedimentablagerungen

Vom Wasser im Kreis herumgewirbelte Kiesel bilden tiefe »Strudellöcher« im Flussbett.

Regen und Schnee

Wasserfall

Flussquelle

V-förmiges Tal

Ein Fluss trägt Sedimente nahe der Quelle ab, schwemmt sie ins Tal und lagert sie dort ab.

Kiesel und Flusssteine

Der Fluss reißt kleinere Felsbrocken mit sich, schiebt und wälzt sie vor sich her und formt sie zu Kieselsteinen mit rund geschliffenen Kanten. Sehr hartes Gestein wie Granit bildet kugelrunde Formen. Viele Sedimentgesteine spalten sich flach und ergeben scheibenförmige oder ovale Kiesel.

Kugeliger Kiesel.

Scheibenförmiger Kiesel.

Ovaler Kiesel.

Kalksteinhöhlen

Wenn Wasser in die Erde sickert, frisst es sich durch den Stein und bildet insbesondere im weichen Kalkstein Tunnel und Kammern. Im Lauf der Zeit können daraus phantastische unterirdische Höhlen entstehen.

Von der Höhlendecke tropft mineralreiches Wasser. Das darin enthaltene Calcit bleibt nach Verdunstung des Wassers in Form langer »Eiszapfen«, der Stalaktiten, zurück.

Verwerfungslinie

Stalaktit

Stalagmit

Säule

Wie entstehen Kalksteinhöhlen?

Saures Regenwasser dringt durch Risse und Fugen in den Kalkstein ein und löst ihn auf. Die Spalten verbreitern sich, bis das Wasser in unterirdischen Strömen fließt. Diese zerfressen den Kalkstein weiter und bilden ein Netz aus gefluteten und trockenen Plätzen. Mitunter bilden sich so mehrstöckige Höhlen.

Die Carlsbad Caverns in Neu-Mexiko (USA).

Höhlensysteme

Regenwasser löst pro Jahr nur
wenige Millimeter Kalkstein auf;
entsprechend lange dauert die
Bildung großer Höhlen-
systeme. In die »Große
Halle« der Carlsbad Caverns
passen fünf Fußballplätze;
eine Höhle in Sarawak böte
über 7 000 Bussen
Platz.

**Auf den Höhlenboden fallende
Wassertropfen bilden bei
Verdunstung Kalkspitzen oder
Stalagmiten. Sie können mit Stalaktiten
zu Säulen zusammenwachsen.**

Eisströme

An den beiden Polen und in Gebirgszügen schieben sich von Zeit zu Zeit Eisströme – die Gletscher – zu Tal, wo sie schmelzen. Dabei transportieren sie Geröll, das den Fels wie Schmirgelpapier zermahlt.

Was ist ein Gletscher?

Gletscher entstehen durch Verdichtung von Schneelagen zu Eis. Das Gewicht der Eismasse und die Schwerkraft lassen den Gletscher langsam zu Tal fließen. Die meisten Gletscher legen pro Tag weniger als einen Meter zurück. In seinem Fluss nimmt der Gletscher am Grundeis festgefrorene, abgebrochene Felsbrocken mit sich. Weiteres Geröll fällt von den steilen Talhängen auf den Gletscher.

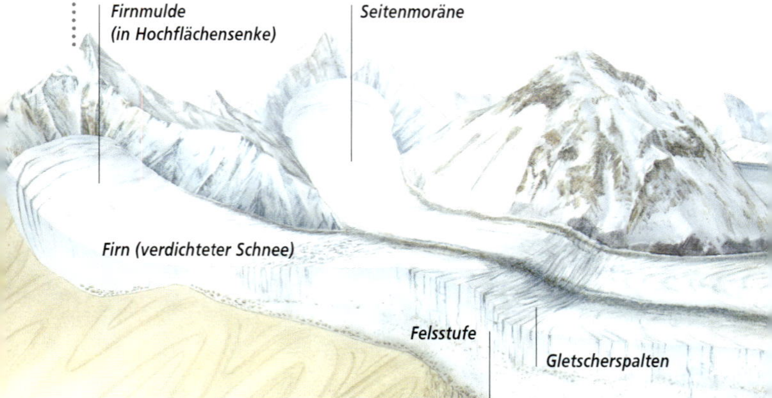

*Firnmulde
(in Hochflächensenke)*

Seitenmoräne

Firn (verdichteter Schnee)

Felsstufe

Gletscherspalten

Auf seinem Weg ins Tal schließt sich ein Gletscher manchmal mit einem Nebengletscher zusammen. Das von den beiden Gletschern (Seitenmoränen) mitgeführte Geröll bildet eine Mittelmoräne entlang der Gletschermittellinie.

Hängende Täler

Gletscher ziehen sich tief und breit bis ins Tal; abgeschmolzen hinterlassen sie riesige, U-förmige Täler. Die von Nebengletschern weniger tief ausgegrabenen Seitentäler bleiben an den Rändern, mitunter weit über der Talsohle als »hängende Täler« zurück.

Gletscher schachten an den U-förmigen Talseiten »hängende Täler« aus.

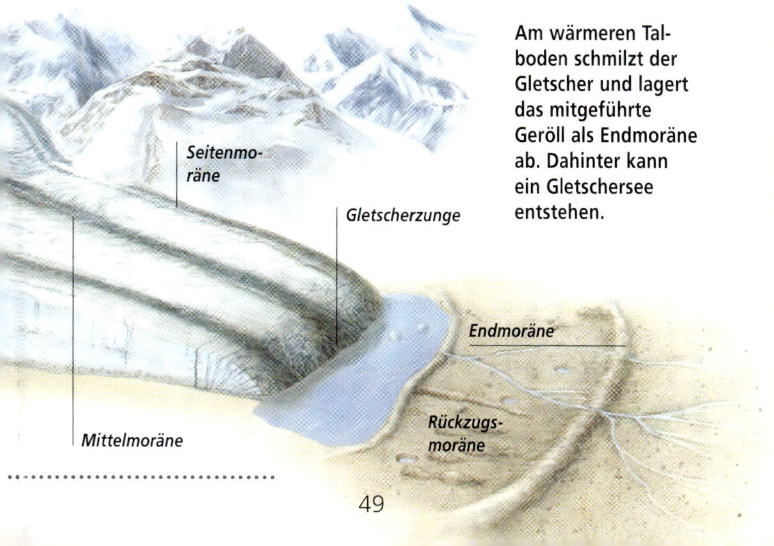

Seitenmoräne

Gletscherzunge

Am wärmeren Talboden schmilzt der Gletscher und lagert das mitgeführte Geröll als Endmoräne ab. Dahinter kann ein Gletschersee entstehen.

Endmoräne

Mittelmoräne

Rückzugsmoräne

Erosion durch Wind und Wellen

In trockenen Klimazonen wirbelt der Wind Sand und Erde auf; vom Wind scharf zugeschliffene Sandkörner schmirgeln das Gestein. An Küsten peitscht der Wind das Wasser zu Wellen, die Klippen und Strände formen.

Erosion durch Wind

Der Wind kann nur feinkörniges Sediment wie Sand, Schlamm und Ton abtragen, dies aber mit weitreichender Wirkung. Kräftige Böen – beispielsweise in Wüsten – wirbeln Sandkörner auf und schleudern sie mit voller Wucht gegen nackte Felswände. Wegen des geringen Korngewichts häuft sich selten mehr als ein Meter Sand in der Ebene auf; der Wind verweht die Körner meist schon dicht am Boden.

Felssäulen entstehen beim Ansturm der Brandung auf Landzungen.

Die Kraft der Wellen

Die Wucht der Brandung und die mit ihr ans Land geschleuderten Steine können große Brocken aus den Klippen reißen. Formationen aus Kalkstein und Kreide werden zusätzlich vom Meerwasser zersetzt. Die Erosion durch Wellen bringt typische Merkmale wie Buchten, Landzungen, Klippen, Meereshöhlen, Felssäulen und -bögen hervor.

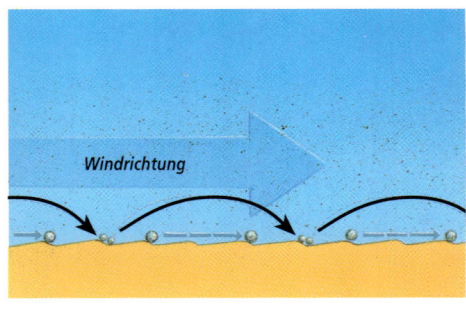

Windrichtung

In Bodennähe wird der Wüstensand sprunghaft vorangetrieben (Saltation). Dabei schleudern sich die Sandkörner gegenseitig in die Luft.

Wind, Schnee und Regen formten die Sandsteinfelsen im Bryce Canyon, Utah (USA) zu Felsspitzen, die die Indianer »Geisterwesen« nennen.

Fossilien

Fossilien bieten einen gerafften Überblick über Jahrmillionen des Lebens auf unserem Planeten. Diese Trilobiten (fossile Krebse) lebten vor über 500 Millionen Jahren im Ozean.

Auf ewig versteinert

Abgestorbene Lebewesen können sich als steinerne Fossilien in Sedimentgesteinen erhalten. Selbst Erdlöcher und Tierspuren können versteinern. Viele sind Millionen Jahre alt.

Fossilien von Landbewohnern (etwa Dinosauriern, Vögeln, Affen oder Insekten) sind selten. Am häufigsten erhalten sind Schalentiere, die in seichten Gewässern lebten.

1 Das Fleisch eines toten Dinosauriers verrottet oder wird von Tieren gefressen.

2 Die Knochen des Dinosauriers versinken im schlammigen Grund eines Sees.

Wie entstehen Fossilien?

Die Weichteile toter Tiere oder Pflanzen verrotten oder werden gefressen. Erhalten bleiben die harten Teile (Knochen, Zähne, Schalen oder Holz), wenn sie rasch von Schlamm oder Sand begraben werden, die dann allmählich zu Schichtgestein aushärten. Steine und Minerale füllen die Hohlräume in den festen Körperteilen und lassen diese versteinern. Manchmal lösen die Körperteile sich auch auf und hinterlassen eine leere Hülse, die zu einem fossilen Abdruck wird.

Fossile Dinosaurier-knochen im Gestein.

Fossilien von Dinosauriern

Fossilien geben Auskunft über viele längst ausgestorbene Lebewesen. Die letzten Dinosaurier lebten vor etwa 65 Millionen Jahren; nur ihre versteinerten Knochen geben uns Aufschluss über ihr Aussehen. Fossile Zähne und Klauen verraten einiges über den Speiseplan der Dinosaurier, und die Fußspuren sagen uns, wie schnell sie sich fortbewegten.

3 Mit der Zeit wird der Schlamm zu Stein und das Skelett zum Fossil.

4 Nach Abtragung der darüber liegenden Gesteinsschichten kommen die fossilen Knochen ans Tageslicht.

Versteinerter Ammonit im Himalaja.

Schlüssel zur Vergangenheit

Fossilien erlauben Rückschlüsse auf die langfristigen Veränderungen der Erdoberfläche. In Hochgebirgen entdeckte Fossilien von Meereslebewesen beweisen, dass unterseeisch gebildete Felsen sich später zu Bergen zusammenschoben. Weit entfernte Funde ähnlicher Fossilien belegen, dass unterschiedliche Kontinente einst zusammenhingen.

Die Geschichte der Fossilien

Mit Hilfe von Fossilien können sich Wissenschaftler ein Bild von der faszinierenden Geschichte des Lebens auf der Erde machen – vom Klima bis zum Alter von Gesteinen.

Biologische Zeittafel

Der erste versteinerte Nachweis von Leben auf der Erde fand sich in 3,5 Milliarden Jahren altem Gestein. Die meisten Fossilien sind jedoch maximal 500-600 Millionen Jahre alt, denn erst um diese Zeit waren Organismen mit harter Schale oder Knochen weit genug verbreitet, um ausreichend fossile Spuren zu hinterlassen. Fische entwickelten sich über Amphibien zu Reptilien und diese zu Vögeln und Säugetieren.

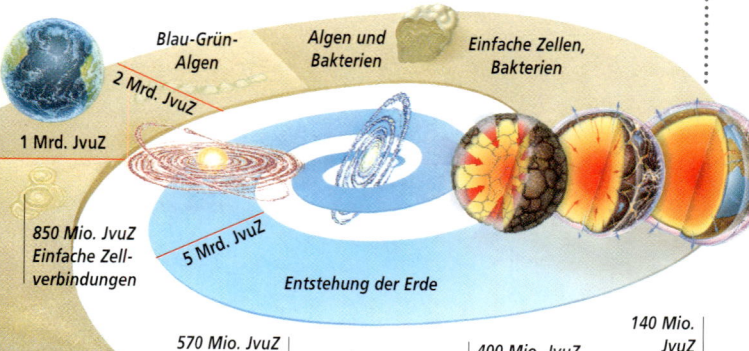

Blau-Grün-Algen

Algen und Bakterien

Einfache Zellen, Bakterien

2 Mrd. JvuZ

1 Mrd. JvuZ

850 Mio. JvuZ
Einfache Zellverbindungen

5 Mrd. JvuZ

Entstehung der Erde

570 Mio. JvuZ
Komplexe Tierformen

500 Mio. JvuZ
Trilobiten

400 Mio. JvuZ
Fische, Amphibien, Insekten

140 Mio. JvuZ
Reptilien, Vögel

Mio. = Millionen
Mrd. = Milliarden
JvuZ = Jahre vor unserer Zeit

Zeichnungen von fossilen Musterstücken.

Fossilienjäger

Schon die alten Griechen haben Fossilien untersucht; im Mittelalter glaubte man jedoch, Fossilien wüchsen in der Erde. Nach der Begründung von Geologie und Paläontologie als Wissenschaften im 18. Jahrhundert erwachte das Interesse an Fossilien neu. Im 19. Jahrhundert wurden eifrig Fossilien (vor allem von Dinosauriern) gesammelt und ausgewertet. Bis heute warten Millionen weiterer Fossilien auf ihre Entdeckung.

Wo findet man Fossilien?

Die meisten Fossilien finden sich in Sedimentgesteinen wie Schiefer, Sand- oder Kalkstein, die an der Erdoberfläche lagern. Die Fossilienforscher (Paläontologen) kennen Alter und Beschaffenheit der Gesteine, in denen die meisten Fossilien zu erwarten sind.

2 Mio. JuvZ
Frühmenschen

Frühe
Elefanten

65 Mio. JvuZ
Dinosaurier
sterben aus

Die Schieferplatten von Burgess bergen rund 550 Millionen Jahre alte Meeresfossilien.

Die Vielfalt der Fossilien

Bislang sind nur einige hunderttausend Fossilienarten erfasst. Nahezu 90 Prozent stammen von Meereslebewesen mit harten Schalen, aber einige auch von Organismen, die an Land lebten.

Trilobiten

Diese Meereslebewesen waren als Vorläufer der Krebse vom Kambrium bis ins Perm (570 bis 245 Millionen Jahre vor heute) weit verbreitet, sind aber längst ausgestorben. Sie konnten sich wie ein Gürteltier einrollen und die meisten hatten gut entwickelte Augen.

Trilobit, Kambrium (vor 570-505 Mio. Jahren).

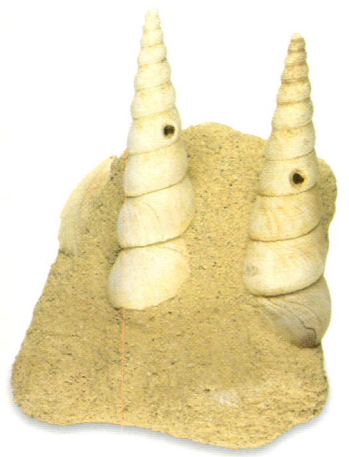

Schnecken (Gastropoda)

Die Gehäuse der Gastropoda (»Magenfüßer«) versteinern sehr leicht. Bislang wurden über 13 000 fossile Gattungen entdeckt. Die jüngeren Arten entwickelten das den ältesten noch fehlende, spiralige Gehäuse. Die Gehäuse von Gastropoda sind meist vollständig, mitunter auch als Hohlformen erhalten.

Die *Turritella* wurde 6-8 cm lang und grub sich im Meeresboden ein.

Pflanzliche Fossilien

Sie stammen meist von Landpflanzen, weil Algen oder andere Wasserpflanzen sich mit ihrer zarten Struktur für den Versteinerungsprozess nicht eignen. Für gewöhnlich bleiben nur Teile von Pflanzen erhalten: Häufig sind dies Blätter, Samen, Zapfen oder Holzteile. Verschiedene Teile ein und derselben Pflanze zuzuordnen, ist nicht immer einfach. Pflanzensporen und -pollen helfen bei der Datierung von Gestein; pflanzliche Fossilien ermöglichen eine Rekonstruktion der urzeitlichen Lebensbedingungen.

Zarte Blätter werden oft zu dünnen Kohleschichten in feinkörnigem Gestein.

Das Holz dieser versteinerten Baumstümpfe wurde zu Achat. Man hat schon ganze Wälder aus solchermaßen versteinertem Holz gefunden.

Armfüßer (Brachiopoden)

Diese Meereslebewesen verfügen über ein Gehäuse aus zwei meist verschieden großen Klappen. Sie verleihen einigen Brachiopoden ihre charakteristische Öllampenform. Von den vor 570 bis 300 Millionen Jahren existierenden Brachiopoden sind heute nur noch wenige Gattungen erhalten. Im urzeitlichen Meer lebten sie als Schalentiere am Grund und filterten ihre Nahrung aus dem Wasser.

Versteinerte Brachiopoden aus dem Ordovizium (vor 500-435 Mio. Jahren).

Versteinerte Fische

Fischkörper brechen leicht, deshalb gibt es nur wenige Fischfossilien. Besonders häufig sind Knochenfische, die sich vor etwa 400 Millionen Jahren entwickelten. Die weichen Knorpelskelette von Haien und Rochen fossilieren schlecht, ihre harten Zähne dagegen gut.

Versteinerter Fisch.

Fossil eines Dinosaurierknochens.

Reptilien

Die ersten Reptilien erschienen vor rund 300 Millionen Jahren im Karbon und Perm und fächerten sich, einschließlich der Dinosaurier, zu einer Vielzahl von Gattungen auf. Ihre brüchigen Skelette sind selten erhalten – anders als ihr Gebiss, das dank des festen Zahnschmelzes prächtig überdauert hat. Fossile Reptilien sind in den entsprechenden Abteilungen von Museen für Vor- und Frühgeschichte zu besichtigen.

Rekonstruierter Schädel des *Homo erectus*, eines Früh-menschen, der bereits gehen und Steinwerk-zeuge fertigen konnte.

Menschliche Fossilien

Fossilien unserer mensch-lichen Vorfahren (Hominiden) sind äußerst selten. Bislang gefundene urmenschliche Fossilien sind wohl zwischen 1,5 und 5 Millionen Jahren alt. Sie dokumentieren den Zuwachs von Hirnmasse anhand der größer werdenden Schädel. Außerdem zeigen sie, wie sich die Hüftknochen verformten, um den aufrechten Gang zu ermöglichen. Die Fossilien des neuzeitlichen Menschen reichen etwa 40 000 Jahre zurück.

Verschiedene Gesteinsarten

Felsbrocken werden von Flüssen, Ozeanen oder Gletschereis zu Kieseln zurechtgeschliffen, geglättet und poliert.

Magmatisches Ergussgestein

Beim Ausstoß rotglühender, geschmolzener Lava aus Vulkanen bildet sich an der Erdoberfläche magmatisches Ergussgestein. Basische Lava bildet etwa Basalt; aus saurer Lava entstehen Obsidian und andere Steine.

OBSIDIAN

Herkunft:	Ergussgestein
Vorkommen:	Vulkane
Körnung:	Keine, glasig
Farbe:	Schwarz
Gemenge:	Reich an Kieselsäure

Obsidian ist vulkanisches Gesteinsglas und entsteht durch rasche Abkühlung zähflüssiger Lava ohne Kristallbildung. Muschliger Bruch; die scharfen Kanten dienen den australischen Aborigines zur Herstellung von Schneidewerkzeugen und Waffen.

RHYOLITH

Herkunft:	Ergussgestein
Vorkommen:	Vulkane
Körnung:	Fein
Farbe:	Hell, häufig grau oder rosa
Gemenge:	Reich an Kieselsäure

ANDESIT

Herkunft:	Ergussgestein
Vorkommen:	Vulkane
Körnung:	Fein
Farbe:	Dunkel, grau-schwarz
Gemenge:	55-65% Kieselsäure, Plagioklas-Feldspat

Andesit ist nach seinem starken Vorkommen im südamerikanischen Anden-Gebirge benannt. Er bildet sich häufig beim Zusammenstoß ozeanischer und kontinentaler Platten. Der gesprenkelte Andesit liegt im inneren Aufbau zwischen Granit und Basalt.

Basalt ist das häufigste Vulkangestein. Er bildet sich aus stark basischer dünnflüssiger Lava, die mitunter zu Deckenergüssen wie etwa dem indischen Dekhan-Plateau erstarrt. Basalt kann Olivin-Kristalle enthalten.

BASALT

Herkunft:	Ergussgestein
Vorkommen:	Vulkane
Körnung:	Fein
Farbe:	Dunkel, grau-schwarz
Gemenge:	Arm an Kieselsäure

Rhyolith hat grundsätzlich die gleiche Zusammensetzung wie Basalt, verdankt seine Feinkörnigkeit jedoch dem raschen Abkühlen von Lava an der Erdoberfläche. Kann Feldspat oder Quarz sowie Glaspartikel enthalten.

Magmatisches Tiefengestein

Wenn Magmaströme tief im Erdinneren abkühlen und erstarren, bilden sie kuppelförmiges Tiefengestein, auch plutonisches Gestein genannt. Aus ihm entstehen grobkörnige Steine wie etwa Granit.

Weißer Granit.

Granit mit großen Kristallen.

GRANIT

Herkunft:	Tiefengestein
Vorkommen:	Plutonisches Gestein
Körnung:	Grob
Farbe:	Hell, weiß, grau, rosa
Gemenge:	Reich an Kieselsäure

Der helle, gesprenkelte Granitstein setzt sich aus einer Mixtur von weißem oder rosa Feldspat, Quarz und kleineren Mengen Biotit (Eisenglimmer) oder Muskovit zusammen. Er entsteht beim Zusammenstoß von Kontinentalplatten, erstarrt nur langsam und bildet deshalb große Kristalle. Feldspat-Kristalle bringen es auf Längen von über 10 Zentimetern.

Rosa Granit.

SYENIT

Herkunft:	Tiefengestein
Vorkommen:	Plutonisches Gestein
Körnung:	Grob
Farbe:	Weiß, grau, rot, rosa
Gemenge:	Alkali/Natrium Feldspat

Äußerlich dem Granit sehr ähnlich, enthält Syenit jedoch kaum Quarz. Er wurde bereits vor über 5 000 Jahren in Assuan (Ägypten) abgebaut.

GABBRO

Herkunft:	Tiefengestein
Vorkommen:	Plutonisches Gestein
Körnung:	Grob
Farbe:	Dunkel, grau-schwarz
Gemenge:	Arm an Kieselsäure

Dieser nach dem italienischen Dorf Gabbro benannte Stein enthält wenig bis kein Quarz und ist mitunter geschichtet. Er bildet sich meist in großen Intrusionen, einschließlich seltener, untertassenförmiger »Lakkolithen«, die weite Flächen bedecken können.

DUNIT

Herkunft:	Tiefengestein
Vorkommen:	Plutonisches Gestein
Körnung:	Mittel
Farbe:	Grün-braun
Gemenge:	Olivin

Dunit besteht fast zur Gänze aus Olivin, was ihm seine grünlich-braune Färbung verleiht. Benannt ist er nach dem Mount Dun in Neuseeland.

Sediment-gesteine

Sedimentgesteine entstehen aus Felsgeröll, den Überresten von Lebewesen oder durch chemische Prozesse.

KONGLOMERAT

Herkunft:	Festland, Süß- und Salzwasser
Farbe:	Unterschiedlich
Körnung:	Sehr grob
Korngefüge:	Rund
Kategorie:	Geröll
Fossilien:	Selten

Große, glatt gerundete Strand- oder Flusskiesel verbacken mitunter zu diesem unregelmäßig geformten »Puddingstein« – so der Spitzname des Konglomerats.

BREKZIE

Herkunft:	Gebirge, Wüsten, Vulkane
Farbe:	Unterschiedlich
Körnung:	Sehr grob
Korngefüge:	Eckig
Kategorie:	Geröll
Fossilien:	Sehr selten

Brekzie enthält große, scharfe Bruchsteine, die Schlamm, Sand, Calcit oder Kieselsäure verkittet haben. Fund- und Entstehungsort liegen meist nahe beieinander.

SANDSTEIN

Herkunft:	Festland, Süß- und Salzwasser
Farbe:	Mittel-rostbraun, grau, weiß
Körnung:	Mittel
Korngefüge:	Granuliert, abgerundet
Kategorie:	Geröll
Fossilien:	Häufig

Sandstein besteht aus Sandkörnern von bis zu 2 mm Durchmesser. Sie werden meist aus Quarz gebildet. Die zahlreichen Sandstein-Varianten verdanken ihre Farbe und Struktur den Bindemitteln, mit denen die Körner verbacken sind. Sandstein kommt nahezu überall vor, entsteht aber besonders häufig unter dem Ozean und in Wüsten.

SCHLAMMSTEIN

Herkunft:	Festland, Süß- und Salzwasser
Farbe:	Unterschiedlich
Körnung:	Sehr fein
Korngefüge:	Eckig, geschiefert
Kategorie:	Geröll
Fossilien:	Häufig

Schlammstein bildet sich aus winzigen, tonähnlichen Partikeln (Schlamm), oft in ruhigem Meeresgebiet, wo die Ablagerung feinster Teilchen möglich ist, sowie in Seen. In den stillen Gewässern von Flussdeltas finden sich reiche Vorkommen von Schlammstein. Er hat Ähnlichkeit mit Schiefer, bildet allerdings weniger ausgeprägte Schichten und wird zur Herstellung von Ziegeln und Keramikwaren verwendet.

MERGEL

Herkunft:	Festland, Süß- und Salzwasser
Farbe:	Weiß, grau, rost (verschieden)
Körnung:	Sehr fein
Korngefüge:	Eckig
Kategorie:	Geröll, biogenes Sediment
Fossilien:	Häufig

Die Körner im Mergel messen weniger als 0,002 mm im Durchmesser und sind nur unter der Lupe erkennbar. Wegen der feinen Körnung bleiben Fossilien im Mergel oft gut erhalten. Feuchter Mergel lässt sich leicht formen.

KALKSTEIN

Herkunft:	Süß- und Salzwasser
Farbe:	Grau, weiß, blau
Körnung:	Fein, unterschiedlich
Korngefüge:	Gerundet, eckig
Kategorie:	Chemisch, biogen
Fossilien:	Häufig

Kalkstein bildet sich zumeist in flachen und klaren tropischen Gewässern und besteht hauptsächlich aus Calcit. Dieser stammt von den Überresten urzeitlicher Meereslebewesen oder wird in einem chemischen Prozess zu Schlamm ausgefällt. Die Pyramiden im alten Ägypten sind aus gewaltigen Kalksteinblöcken erbaut worden.

DOLOMIT

Herkunft:	Salzwasser
Farbe:	Gelb, grau
Körnung:	Mittel bis fein
Korngefüge:	Kristallin
Kategorie:	Chemisch
Fossilien:	Selten

Dolomit bezeichnet ein Gestein und ein Mineral. Als Gestein ähnelt er bis auf die dunklere Farbe äußerlich dem Kalkstein, besteht aber hauptsächlich aus dem Mineral Dolomit (Kalzium-Magnesium-Karbonat), Kalkstein hingegen aus Kalzium-Karbonat (Calcit).

Feuerstein

Feuerstein (Flint) kommt in harten Knollen oder Nieren in Sedimentgestein (Kalkstein, Kreide) und in Lava vor. Er entsteht aus Blasen kieselsäurereicher Flüssigkeiten in vulkanischem Material oder aus Überresten von Salzwasser-Schwämmen in Sedimenten. Die Menschen der Frühzeit fertigten daraus rasierscharfe Waffen oder Werkzeuge.

FEUERSTEIN (FLINT)

Herkunft:	Salzwasser
Farbe:	Braun, grau, schwarz
Körnung:	Sehr fein
Korngefüge:	Kryptokristallin
Kategorie:	Chemisch, biogen
Fossilien:	Sehr selten

Hornstein

Metamorphes Gestein

Bestehendes Gestein wird durch die Hitze von geschmolzenem Magma oder durch den Druck mächtiger Erdverschiebungen zu einem neuen, metamorphen Gestein umgewandelt.

MARMOR

Herkunft:	Kontaktmetamorphe Bildung aus Kalkstein
Körnung:	Mittelgrob
Farbe:	Weiß, unterschiedlich
Temperatur:	Unterschiedlich
Druck:	Unterschiedlich
Gefüge:	Körnig, feinkristallin

Marmor entsteht unter Einfluss von Hitze und Druck aus Kalkstein. Der Calcit rekristallisiert zu einer extrem feinkristallinen Struktur. Der hochwertigste Marmor stammt aus Carrara (Italien); Bildhauer wie Michelangelo verwendeten ihn für ihre Statuen.

SKARN

Herkunft:	Kontaktmetamorphe Bildung aus Kalkstein oder Dolomit
Körnung:	Fein, grob
Farbe:	Grau, braun, schwarz
Temperatur:	Hoch
Druck:	Niedrig
Gefüge:	Kristallin

Skarn entsteht aus der Mischung von Kalkstein mit geschmolzenem Granit oder Syenit. Verunreinigungen im Kalkstein und Flüssigkeiten aus den Intrusionen führen zur Bildung einer Vielzahl von Mineralen im Stein.

HORNFELS

Herkunft:	Kontaktmetamorphe Bildung aus Schiefer/Schlammstein
Körnung:	Fein
Farbe:	Grau, blau-schwarz
Temperatur:	Hoch
Druck:	Niedrig
Gefüge:	Gleichmäßig

Hornfels, ein dunkler, harter, schiefriger Stein, bildet sich bei der Umwandlung von Schiefer und Schlammstein durch Hitzeeinwirkung magmatischer Intrusionen. Mitunter kleine, gut ausgebildete Kristalle von Andalusit und Cordierit sowie Granat-Einbettungen.

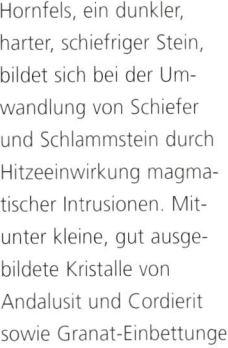

METAQUARZIT

Herkunft:	Kontaktmetamorphe Bildung aus Sandstein
Körnung:	Mittel
Farbe:	Braun, mittelbraun, grau
Temperatur:	Hoch
Druck:	Niedrig
Gefüge:	Feinkristallin

Metaquarzit entwickelt sich bei intensiver Hitzeeinwirkung aus kieselsäurereichem Sandstein. Er sieht aus wie brauner Zucker und ist eines der härtesten Gesteine überhaupt. In Australien sind 3,5 Milliarden Jahre alte Quarzite gefunden worden.

Unter starkem Druck werden Glimmer und Chlorit in den Schiefer gepresst und in ihrer Kristallstruktur einheitlich ausgerichtet. Deshalb lässt Schiefer sich leicht in dünne Platten spalten. Dachziegel oder Billardtische bestehen aus Schiefer.

SCHIEFER

Herkunft:	Regionalmetamorphe Bildung aus Schieferton
Körnung:	Fein
Farbe:	Grau, schwarz, grün
Temperatur:	Niedrig
Druck:	Mäßig
Gefüge:	Bricht in Platten

GLIMMERSCHIEFER

Herkunft:	Regionalmetamorphe Bildung aus gehärtetem Schlammstein, Schieferton, Basalt
Körnung:	Fein
Farbe:	Grau, schwarz, grün
Temperatur:	Niedrig
Druck:	Mäßig
Gefüge:	Bricht in Platten

Die Minerale im Glimmerschiefer treten oft getrennt in charakteristisch gewellten Bändern auf, die durch die glänzenden Glimmerkristalle ins Auge fallen. Im Glimmerschiefer findet man Granatkristalle und andere schöne Minerale. Aus Basalt entstandener Glimmerschiefer liefert Talk.

Mit fast 4 Milliarden Jahren ist ein kanadischer Gneis der älteste bekannte Stein der Welt. »Gneis« bedeutet »funkelnd« – ein passender Name: Der Stein besteht aus winzigen, schillernden Kristallen, die sich einer besonders intensiven Metamorphose verdanken. Gestein kann sich von Schieferton über Schiefer und Glimmerschiefer bis zu Gneis umbilden.

GNEIS

Herkunft:	Regionalmetamorphe Bildung aus gehärtetem Schlammstein, Schieferton, Granit
Körnung:	Mittelgrob
Farbe:	Grau, gestreift
Temperatur:	Hoch
Druck:	Hoch
Gefüge:	Gebändert, granuliert

EKLOGIT

Herkunft:	Regionalmetamorphe Bildung aus basischem Ergussgestein
Körnung:	Mittelgrob
Farbe:	Grün, rot, fleckig
Temperatur:	Hoch
Druck:	Sehr hoch
Gefüge:	Granuliert

Dieses seltene Gestein bildet sich vermutlich unter hohen Temperaturen und Druckverhältnissen aus umgewandeltem basischem Magmagestein in der unteren Erdkruste und im oberen Erdmantel. Eklogit ist dichtes Gestein und kommt zumeist als Block oder Gesteinslinse vor. Seine wichtigsten mineralischen Bestandteile sind Pyroxen, Granat und, seltener, Diamant.

Gestein aus Pflanzen

Diese Sedimentgesteine (siehe auch S. 36) stehen für die vier Stadien, die urzeitliche Pflanzenreste durchlaufen, bis wir sie in Form von Torf und Kohle verbrennen.

Torf

Das zweite Stadium der Kohlebildung ist die bröselige Braunkohle; sie enthält weniger Wasser und mehr Kohlenstoff als Torf. Noch immer sind Pflanzenreste sichtbar.

Weicher, bröseliger Torf ist das erste Stadium der Kohlebildung: mit vielen sichtbaren Pflanzenresten und einem oft hohen Anteil an Wasser und Gasen. Torfschichten können meterdick werden.

Braunkohle

Steinkohle

Steinkohle ist hart und spröde und hat einen hohen Kohlenstoffanteil. Im Gestein wechseln glänzende und matte Schichten ab; es bricht in würfelförmige Stücke.

Anthrazit

Das letzte Stadium der Kohlebildung ist der besonders harte Anthrazit; er ist glasiger und verbrennt rückstandsfreier als Steinkohle.

Gestein
aus dem All

Meteoriten – Steine, die aus dem All auf die Erde stürzen – kommen in drei Grundtypen vor. Am häufigsten sind Stein-Meteoriten aus Kieselsäure. Die größten bestehen aus Nickel und Eisen.

Nickel-Eisen-Meteoriten werden als Meteoreisen bezeichnet. Im polierten Anschliff bilden Nickel und Eisen ein paralleles, hell-dunkles Balkengefüge. Die Metalle dieser Meteoriten ähneln in ihrer Struktur vermutlich dem Metall im Erdkern und können uns wertvolle Informationen über unsere Erde liefern.

Eisen-Meteorit

Stein-Meteorit

Stein-Meteoriten unterteilen sich in Chondriten und Achondriten. Erstere verfügen über kleine, kugelige Kristallkörner, letztere nicht. Achondriten ähneln einigen Gesteinen auf der Erde. Chondriten gleichen dem Material, aus dem wohl vor rund 4,5 Millionen Jahren die Erde entstand.

Verschiedene Minerale

Der Amethyst gehört zu den Quarzen und erhält seine Farbe durch winzige Eisenanteile. Quarzkristalle sind hexagonale (sechsseitige) Prismen und laufen oft pyramidenförmig zu.

Bestimmung von Mineralen

Die meisten Minerale haben eine relativ feste chemische Zusammensetzung und eine spezifische Kristallstruktur, mit deren Hilfe man sie bestimmt.

PERIODENSYSTEM DER CHEMISCHEN ELEMENTE

Ac Actinium	**Eu** Europium	**N** Stickstoff	**Sb** Antimon
Ag Silber	**F** Fluor	**Na** Natrium	**Sc** Scandium
Al Aluminium	**Fe** Eisen	**Nb** Niobium	**Se** Selenium
Ar Argon	**Fr** Francium	**Nd** Neodym	**Si** Silizium
As Arsen	**Ga** Gallium	**Ne** Neon	**Sm** Samarium
At Astat	**Gd** Gadolinium	**Ni** Nickel	**Sn** Zinn
Au Gold	**Ge** Germanium	**O** Sauerstoff	**Sr** Strontium
B Bor	**H** Wasserstoff	**Os** Osmium	**Ta** Tantal
Ba Barium	**He** Helium	**P** Phosphor	**Tb** Terbium
Be Beryllium	**Hf** Hafnium	**Pa** Protactinium	**Tc** Technetium
Bi Wismut	**Hg** Quecksilber	**Pb** Blei	**Te** Tellur
Br Brom	**Ho** Holmium	**Pd** Palladium	**Th** Thorium
C Kohlenstoff	**I** Jod	**Po** Polonium	**Ti** Titan
Ca Calcium	**In** Indium	**Pm** Promethium	**Tl** Thallium
Cd Cadmium	**Ir** Iridium	**Pr** Praseodym	**Tm** Thulium
Ce Ceri	**K** Kalium	**Pt** Platin	**U** Uran
Cl Chlor	**Kr** Krypton	**Ra** Radium	**V** Vanadium
Co Kobalt	**La** Lanthan	**Rb** Rubidium	**W** Wolfram
Cr Chrom	**Li** Lithium	**Re** Rhenium	**Xe** Xenon
Cs Caesium	**Lu** Lutetium	**Rh** Rhodium	**Y** Yttrium
Cu Kupfer	**Mg** Magnesium	**Rn** Radon	**Yb** Ytterbium
Dy Dysprosium	**Mn** Mangan	**Ru** Ruthenium	**Zn** Zink
Er Erbium	**Mo** Molybdän	**S** Schwefel	**Zr** Zirkonium

Chemische Elemente

Minerale bestehen aus Elementen – einfachen Stoffen, die sich nicht weiter zerlegen lassen. Manche Minerale, beispielsweise Gold, bestehen nur aus einem einzigen Element, die meisten jedoch aus zwei oder mehr. So setzt sich Quarz aus Silizium und Sauerstoff zusammen. Die einzelnen Elemente der Minerale auf den Seiten 86-111 sind unter der Rubrik »Chemische Zusammensetzung« aufgeführt.

Pyrit

$$FeS_2$$

Ein Teil Eisen

Zwei Teile Schwefel

Cyanit

$$Al_2SiO_5$$

Zwei Teile Aluminium

Ein Teil Silizium

Fünf Teile Sauerstoff

KRISTALLSYSTEME

System	Beispiele
Kubisch	Pyrit, Diamant, Silber, Gold
Tetragonal	Vesuvian, Cassiterit
Rhombisch	Baryt, Schwefel, Olivin
Monoklin	Selenit, Gips, Glimmer
Triklin	Amazonit, Feldspat
Hexagonal	Beryll, Grafit, Apatit
Trigonal	Calcit, Hämatit, Quarz

Kubisch

Hexagonal und trigonal

Triklin

Monoklin

Rhombisch

Tetragonal

Kristallklassen

Minerale bilden Kristalle entsprechend der regelmäßigen Anordnung ihrer Molekülstruktur. Diese Kristalle lassen sich nach ihrer Symmetrie in sechs bis sieben Klassen oder Systeme einteilen. Die größte Symmetrie weist das kubische System auf.

Das Mineral Selenit gehört zum monoklinen Kristallsystem.

Äußere Form der Minerale

Häufig findet man Minerale als formlose, massive Klumpen; sie können aber auch spezifische Formen entwickeln, die ihre Bestimmung erleichtern. Malachit beispielsweise hat eine charakteristische glaskopfige (knollige) Form. Die Form (der Habitus) eines Minerals richtet sich nach Größe und Form seiner Kristalle.

MINERAL-HABITUS

Habitus	Beispiele
Massiv (keine spezifische Form)	Chalcopyrit, Kupfer
Nierenförmig	Hämatit, Chalcopyrit
Dendritisch (baumähnlich)	Kupfer, Gold, Silber
Glaskopfig (traubenförmig)	Malachit, Arsen, Pyrit
Säulenförmig (stängelig)	Turmalin, Witherit
Haarförmig (nadelig)	Natrolit, Epidot
Radialstrahlig (sternförmig)	Gips
Granuliert (körnig)	Magnetit, Quarz, Halit
Pyramidal (spitz zulaufende Kanten)	Cassiterit, Nickelin

Das Mineral Turmalin hat häufig die Form einer Säule.

Die nierenförmigen Auswölbungen beim Hämatit sind leicht erkennbar.

Gips ist radialstrahlig (sternförmig) angeordnet.

Die Mohs-Skala

Die Härte eines Minerals bemisst sich danach, wie leicht es sich mit einem anderen Mineral oder einem Gegenstand von bekannter Härte ritzen lässt. 1822 stellte der Mineraloge Friedrich Mohs eine Härteskala von Stufe 1 (Talk – sehr weich) bis 10 (Diamant – sehr hart) auf. Minerale mit höherer Mohshärte ritzen diejenigen mit geringerer Härte: Calcit ritzt Gips, nicht aber Fluor. (Tipp: Zum Test keine besonders schönen Exemplare verwenden; die Ritzung bleibt!)

MINERALISCHE HÄRTESKALA

Mineral	Härtegrad	Ritzbar mit
Talk	1	Fingernagel (Schaben genügt)
Gipsspat	2	Fingernagel (Ritzen)
Calcit	3	Kupfermünze
Fluorit	4	Mit Taschenmesser leicht ritzbar
Apatit	5	Mit Taschenmesser noch ritzbar
Orthoklas	6	Mit Stahlfeile leicht ritzbar
Quarz	7	Mit Stahlfeile noch ritzbar; ritzt Fensterglas
Topas	8	Mit Stahlfeile schwer ritzbar
Korund	9	Mit Stahlfeile kaum ritzbar
Diamant	10	Nur mit Diamant ritzbar; ritzt auch alle anderen Minerale

Dichte oder Spezifisches Gewicht (SG)

Minerale von gleichem Volumen unterscheiden sich nach ihrer Dichte. Darunter versteht man ihr spezifisches Gewicht (SG). Um es zu berechnen, vergleicht man das Gewicht des Minerals mit dem Gewicht des entsprechenden Wasservolumens. Minerale mit hohem spezifischem Gewicht wiegen schwer. Ein kleiner Würfel Galenit (SG 7,7) wiegt schwerer als ein größeres Stück Fluorit (SG 3,18). Das schwerste Metall ist Platin (SG 21,4).

Optische Bestimmung

Wie gut ein Kristall Licht absorbiert, reflektiert oder durchlässt, definiert seine optischen Eigenschaften, nämlich Farbe und Glanz – zwei weitere Kategorien, die zur Bestimmung von Mineralen dienen.

Beim Strichfarben-Test.

Strichfarbe

Schabt man mit einem Mineral kräftig über eine raue weiße Fliese, bleibt eine puderige Markierung, die Strichfarbe. Sie ist für jedes Mineral charakteristisch, auch wenn es (wie der Quarz) in verschiedenen Farben vorkommt (die Strichfarbe von Quarz ist weiß).

Farbe, Transparenz, Glanz und Flächenschiller

Weißes Licht setzt sich aus allen Regenbogenfarben zusammen. Die Farbe eines Minerals bestimmt sich danach, welche dieser Farben es reflektiert oder durchlässt. Der Glanz hängt von der Lichtbrechung an der Oberfläche des Minerals ab, der Flächenschiller hingegen von inneren Lichtreflexionen.

BESTIMMUNG DER TRANSPARENZ

Begriff	Mineral-Beispiele	Definition
Transparent	Quarz, Topas, Beryll	Minerale, durch die man Schrift lesen kann
Durch-scheinend	Opal, Jade, Chalcedon	Beschränkt lichtdurchlässig, Objekte nicht erkennbar
Undurchsichtig	Malachit, Hämatit	Lichtundurchlässig

GLANZ

Definition	Bedeutung	Mineral-Beispiele
Matt	Nicht glänzend	Kaolin
Diamantglanz	Funkelnd	Diamant
Glasglanz	Glasig	Quarz, Beryll
Metallglanz	Metallisch	Hämatit, Pyrit, Galenit
Fettglanz	Wie mit einer dünnen Öl- oder Wachsschicht überzogen	Türkis, Talk
Harzglanz	Gehärtetes Harz	Bernstein
Perlmuttglanz	Perlenähnlich	Perlen, Mondstein
Seidenglanz	Feine, faserige Struktur	Asbest, Gips (Fasergips)

FLÄCHENSCHILLER

Begriff	Bedeutung	Mineral-Beispiele
Labradorisieren	Regenbogen-Farbenspiel	Polierter Labradorit (Feldspat)
Opaleszieren	Silbrig-bläulicher Flächenschiller	Halbdurchsichtiger Mondstein (Feldspat) und einige Opale
Chatoyieren	Katzenaugeneffekt, schlitzartige Lichterscheinung durch Reflexion des Lichts an Mineralfasern	Katzenaugen-Quarz, Tigerauge, Katzenaugen-Chrysoberyll
Asterismus	Sternförmiger Katzenaugeneffekt	Sternsaphire und Rubine

UV-Licht

Bei unsichtbarem UV-Licht leuchten einige Minerale, wie der Opal, sichtbar auf. Das bezeichnet man als Fluoreszenz. Im Dunkeln erglühen diese Minerale in spektakulären Violett-, Grün- und Rottönen, die stark von ihrer Färbung bei natürlichem Licht abweichen.

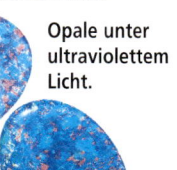

Opale unter ultraviolettem Licht.

Magmatische Minerale

Minerale, die in abgekühltem, zu magmatischem Gestein erstarrtem Magma oder in Lava entstehen, bilden oft schöne Kristalle.

MAGNETIT

Chemische Zusammensetzung:
Fe_3O_4

Kristallsystem:	Kubisch
Härte:	5,5-6,5
Dichte:	5,2
Strichfarbe:	Schwarz

Als natürliches magnetisches Mineral wurde Magnetit von den Chinesen einst zur Fertigung der ersten Kompasse verwendet. Er besteht zu rund 70% aus Eisen und liefert reichlich Eisenerz.

OLIVIN

Chemische Zusammensetzung:
$(Mg,Fe)_2SiO_4$

Kristallsystem:	Rhombisch
Härte:	6,5-7
Dichte:	3,27-4,32
Strichfarbe:	Weiß, grau

Olivin ist eine Gruppe dichter grüner Minerale, die sich unter hohen Temperaturen beispielsweise in Basaltgestein formen. Er bildet auch Gesteine wie etwa Dunit. Olivin in Edelstein-Qualität heißt Peridot.

Sodalith (benannt nach seinem Natrium-Anteil) findet man in plutonischem Gestein, etwa Syenit, und in jüngerem vulkanischem Gestein wie Basalt. Er kommt in sämtlichen Blauschattierungen vor und ist ein wesentlicher Bestandteil von Lapislazuli. Zwölfseitige Kristalle (eine echte Rarität) dieses Minerals wurden in der Lava des italienischen Vulkans Vesuv gefunden.

SODALITH

Chemische Zusammensetzung:
$Na_8Al_6Si_6O_{24}Cl_2$

Kristallsystem:	Kubisch
Härte:	5,5-6
Dichte:	2,14-2,4
Strichfarbe:	Farblos

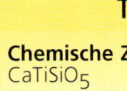

TITANIT

Chemische Zusammensetzung:
$CaTiSiO_5$

Kristallsystem:	Monoklin
Härte:	5-5,5
Dichte:	3,45-3,55
Strichfarbe:	Weiß

Titanit kommt in kieselsäurereichem magmatischem Gestein vor, in metamorphem Gestein wie Gneis und Glimmerschiefer sowie in metamorphem Kalkstein. Geschliffen ergeben die schönsten Titanit-Kristalle prächtige Edelsteine mit satten Farben; wegen seiner Spröde und Weichheit wird aus Titanit nur selten Schmuck hergestellt.

Die aufgeführten magmatischen Minerale auf den Seiten 88-91 findet man oft in einer Granit-Varietät namens Pegmatit, die sehr große Kristalle ausbildet.

BIOTIT

Chemische Zusammensetzung:
$K(Mg,Fe)_3(AlFe)Si_3O_{10}(OH,F)_2$

Kristallsystem:	Monoklin
Härte:	2,5-3
Dichte:	2,8-3,2
Strichfarbe:	Weiß

Biotit ist ein Hauptbestandteil von Granit, Gneis und Glimmer; mit Hilfe seiner radioaktiven Elemente lässt sich das Alter eines Biotiten bestimmen. Der blättrige Biotit spaltet sich in dünne, elastische Platten.

MUSKOVIT

Chemische Zusammensetzung:
$KAl_2(Si_3Al)O_{10}(OH,F)_2$

Kristallsystem:	Monoklin
Härte:	2-2,5
Dichte:	2,77-2,88
Strichfarbe:	Weiß

Der Name Muskovit leitet sich aus dem lateinischen Wort »Muscovia« für Russland her: Dort wurde es früher an Stelle von Fensterglas verwendet. Muskovit findet man häufig in Form von großen Platten in Pegmatit-Adern.

Orthoklas ist als wichtiges gesteinsbildendes Mineral in den meisten magmatischen und metamorphen sowie in einigen Sedimentgesteinen vorhanden. Er gehört zur Feldspatgruppe. Eine Varietät dieses Minerals ist ein harter Edelstein, der Mondstein.

ORTHOKLAS

Chemische Zusammensetzung:
$KAlSi_3O_8$

Kristallsystem:	Monoklin
Härte:	6
Dichte:	2,55-2,63
Strichfarbe:	Weiß

MIKROKLIN

Chemische Zusammensetzung:
$KAlSi_3O_8$

Kristallsystem:	Triklin
Härte:	6
Dichte:	2,56-2,62
Strichfarbe:	Weiß

Wie Orthoklas gehört auch Mikroklin zur Kalifeldspat-Gruppe. Bei gleicher Zusammensetzung wie Orthoklas ist seine Kristallstruktur triklin. Eine blau-grüne Varietät namens Amazonit wird zu Schmuck verarbeitet. Für die Grünfärbung ist hier das Blei verantwortlich.

Turmalin hat von allen Mineralen die reichste Farbpalette – von Schwarz über Blau und Rosa bis Grün. Er bildet häufig lange Kristalle mit parallelen Linien entlang der Seiten. Turmalin-Kristalle finden in bestimmten Druckmessern Verwendung.

TURMALIN

Chemische Zusammensetzung: $Na(LiAl)_3Al_6(BO_3)_3Si_6O_{18}(OH)_4$	
Kristallsystem:	Trigonal
Härte:	7-7,5
Dichte:	3-3,2
Strichfarbe:	Farblos

Topas entsteht bei großer Hitze und entwickelt, je nach dem dabei vorhandenen Fluoranteil, einen großen Farbreichtum. Häufig bildet er schöne, prismenförmige Kristalle. Ein einzelner Kristall kann über 100 Kilogramm wiegen. Der Name »Topas« leitet sich möglicherweise aus dem Sanskrit-Wort *tapas* ab, was »Feuer« bedeutet.

TOPAS

Chemische Zusammensetzung: $Al_2SiO_4(FOH)_2$	
Kristallsystem:	Rhombisch
Dichte:	8
Härte:	3,49-3,57
Strichfarbe:	Farblos

Beryll ist selten und extrem hart. Als reines Mineral ist es farblos; kleinere Verunreinigungen verleihen dem Beryll seine zahlreichen Farben. Geschliffener Beryll wird grün zu Smaragd, bläulich zu Aquamarin, gelb zu Heliodor und rosa zu Morganit.

BERYLL

Chemische Zusammensetzung:
$Be_3Al_2Si_6O_{18}$

Kristallsystem:	Hexagonal
Härte:	7,5-8
Dichte:	2,6-2,9
Strichfarbe:	Weiß

Apatit ist ein in vielen Gesteinstypen weit verbreitetes Mineral. Er bildet Kristalle in Pegmatiten und ist der Hauptbestandteil von Phosphatablagerungen, die zur Düngerherstellung abgebaut werden. Auch Zähne bestehen vorwiegend aus Apatit. Grüner Apatit heißt seiner Farbe wegen »Spargelstein«.

APATIT

Chemische Zusammensetzung:
$Ca_5(PO_4)_3(F,Cl,OH)$

Kristallsystem:	Hexagonal
Härte:	5
Dichte:	3,2
Strichfarbe:	Weiß

Die folgenden vier Minerale kommen häufig in Schwefellagerstätten vor oder in der Nähe von Salzseen.

BARYT

Chemische Zusammensetzung:
$BaSo_4$

Kristallsystem:	Rhombisch
Härte:	3–3,5
Dichte:	4,5
Strichfarbe:	Weiß

Baryt kann sehr große, weiche Kristalle bilden. Er kommt auch als »Wüstenrose« oder in Klumpenform (»Hahnenkamm«) vor und ist vielseitig verwendbar: Er wird Farben und Papier beigemengt, absorbiert Röntgenstrahlen und verleiht Feuerwerkskörpern eine hellgrüne Farbe.

CHALCOPYRIT

Chemische Zusammensetzung:
$CuFeS_2$

Kristallsystem:	Tetragonal
Härte:	3,5–4
Dichte:	4,3–4,4
Strichfarbe:	Grünlich-schwarz

Chalcopyrit ist das wichtigste Kupfererz. Seine Oberfläche ist häufig mit einer dunkel schillernden, grünlich-purpurnen Schicht überzogen, daher auch sein Name »Pfauenkupfer«.

GIPS

Chemische Zusammensetzung:
$CaSO_4.2H_2O$

Kristallsystem:	Monoklin
Härte:	1,5–2
Dichte:	2,32
Strichfarbe:	Weiß

Gips ist ein verbreitetes, sehr weiches Mineral und entwickelt sich an der Erdoberfläche überall dort, wo Wasser verdunstet, sowie im Schlamm nahe heißen vulkanischen Quellen. Gips findet in der Medizin und beim Hausbau Verwendung. Feinkörniger Gips heißt Alabaster.

Hellgelber Schwefel bildet sich rings um heiße Quellen. Brennend entwickelt er eine blaue Flamme und einen starken, unangenehmen Geruch. Schwefel ist in Insektengift, Papier, Streichhölzern und Sprengstoff enthalten.

SCHWEFEL

Chemische Zusammensetzung:
S

Kristallsystem:	Rhombisch
Härte:	1,5–2
Dichte:	2
Strichfarbe:	Weiß

Sekundäre Minerale

Sekundäre Minerale entstehen nicht durch Bewegungen der Erdkruste, sondern durch chemische Reaktionen (mit Wasser oder Luft) innerhalb ihres Ursprungsgesteins.

Anglesit entsteht durch Oxidation von Galenit (Bleiglanz). Seinen Namen verdankt er einem seiner Fundorte – Anglesey in Wales. Die schönsten Kristalle gibt es in Namibia und Marokko. Sie sind schwer, brüchig und weich.

ANGLESIT

Chemische Zusammensetzung
$PbSO_4$

Kristallsystem:	Rhombisch
Härte:	2,5-3
Dichte:	6,35
Strichfarbe:	Farblos

AZURIT

Chemische Zusammensetzung:
$Cu_3(CO_3)_2(OH)_2$

Kristallsystem:	Monoklin
Härte:	3,5-4
Dichte:	3,77
Strichfarbe:	Hellblau

Aus Kupferoxidation entsteht das azurblaue Mineral Azurit. Es bildet sich grundsätzlich gemeinsam mit Malachit. Im antiken Orient lieferte Azurit den wichtigen blauen Farbstoff für Wandmalereien und wird bis heute zur Farbherstellung verwendet.

CERUSSIT

Chemische Zusammensetzung:
$PbCO_3$

Kristallsystem:	Rhombisch
Härte:	3-3,5
Dichte:	6,51
Strichfarbe:	Weiß

Cerussit wird manchmal mit Diamanten und anderen farblosen Edelsteinen verwechselt, hat aber eine viel höhere Dichte und ist für ein wertvolles Mineral zu weich. Es bildet sich mit Blei, Kupfer und Zink in den Verwitterungszonen von Erzgängen. Einst wurde aus Cerussit Blei geschmolzen. Die alten Römer fertigten daraus Wasserleitungen, gar Essgeschirr, bis man es als giftig erkannte.

CUPRIT

Chemische Zusammensetzung
Cu_2O

Kristallsystem:	Kubisch
Härte:	3,5-4
Dichte:	6,14
Strichfarbe:	Bräunlich-rot

Mit 88 Prozent Kupferanteil ist Cuprit das reichste aller Kupfererze. Er bildet sich durch Oxidation aus Kupfersulfid und ähnelt im Aufbau gediegenem Kupfer, Malachit und Azurit. Besonders gut bildet er sich in trockenen, tropischen Böden aus, wo die Verwitterung bis in tiefe Schichten vordringt. Einige der schönsten Beispiele stammen aus Namibia.

Das Wort »Fluorit« leitet sich vom lateinischen *fluere* (»fließen«) ab; Fluorit ist ein leicht schmelzbares Mineral. Bei der Stahlerzeugung wird es dem geschmolzenen Metall zur Verflüssigung beigegeben. Unter UV-Licht entwickelt Fluorit einen eigenen Glanz; dieser Effekt ist nach ihm benannt (Fluoreszenz).

FLUORIT

Chemische Zusammensetzung
CaF_2

Kristallsystem:	Kubisch
Härte:	4
Dichte:	3,18
Strichfarbe:	Weiß

HEMIMORPHIT

Chemische Zusammensetzung:
$Zn_4Si_2O_7(OH)_2H_2O$

Kristallsystem:	Rhombisch
Härte:	4,5-5
Dichte:	3,4-3,5
Strichfarbe:	Farblos

Hemimorphit bildet sich durch Oxidation in Zinklagerstätten. Dort findet man es häufig mit vielen anderen Mineralen, etwa Calcit, Anglesit, Sphalerit und Cerussit. Die dünnen, tafeligen Kristalle sind von vertikalen Linien durchzogen und weisen an beiden Enden unterschiedliche Flächen auf; dieses Phänomen bezeichnet man als hemimorph.

SMITHSONIT

Chemische Zusammensetzung:
$ZnCO_3$

Kristallsystem:	Trigonal
Härte:	5
Dichte:	4,3-4,45
Strichfarbe:	Weiß

Smithsonit kommt in Blei-Zink-Lagerstätten
vor und war der Urstoff zur Zinkgewinnung
(heute ist Sphalerit das wichtigste Zinkerz). Smithsonit
bildet meist große Trauben und Krusten über anderen Mineralen und
Gesteinen. Geschliffen dient er als Schmuckstein (wird auch Bonamit
genannt).

Malachit, der hellgrüne
Belag auf Kupfer, bildet sich
meist durch Verwitterung
anderer Kupferminerale.
Malachit erfreute sich bei
den Griechen und Römern
großer Beliebtheit und
wurde oft in Form von
Amuletten zur Abwehr böser
Geister getragen. Geschliffen
ergibt er leuchtend grüne
Schmuckstücke, die wegen
ihrer Weichheit jedoch
rasch matt
werden.

MALACHIT

Chemische Zusammensetzung:
$Cu_2CO_3(OH)_2$

Kristallsystem:	Monoklin
Härte:	3,5-4
Dichte:	4
Strichfarbe:	Blassgrün

RHODOCHROSIT

Chemische Zusammensetzung:
$MnCO_3$

Kristallsystem:	Trigonal
Härte:	3,5-4
Dichte:	3,5
Strichfarbe:	Weiß

Rhodochrosit, ein rosaroter Calcit, wird auch Himbeerspat genannt. Mangan verleiht ihm seine Farbe; er bildet sich in verwitterten Manganablagerungen und in hydrothermalen Lagerstätten. Die ältesten Rhodochrosit-Vorkommen befinden sich in Argentinien.

SILBER

Chemische Zusammensetzung: Ag

Kristallsystem:	Kubisch
Härte:	2,5-3
Dichte:	10,5
Strichfarbe:	Silbrig-weiß

Silber kommt als unvermischtes, gediegenes Metall vor. Es bildet sich häufig mit Kupfer oder Bleiglanz in hydrothermalen Lagerstätten und überzieht sich schnell mit einem schwarzen Belag aus Silbersulfid. Deshalb (und wegen seiner geringen Härte) wird Silber häufig mit anderen Metallen legiert.

Talk, das weichste Mineral auf der Mohs-Skala, lässt sich leicht mit dem Fingernagel ritzen. Er fühlt sich seifig an und ist der Hauptbestandteil von Seifen- oder Speckstein. Aus Talk werden Talkpuder, Papier, Farbe und Gummi hergestellt.

TALK

Chemische Zusammensetzung:
$Mg_3Si_4O_{10}(OH)_2$

Kristallsystem:	Monoklin
Härte:	1
Dichte:	2,6-2,8
Strichfarbe:	Weiß

Das häufigste Zinkerz ist Sphalerit. Sein Name bedeutet im Griechischen »trügerisch«. Sphalerit (oder Zinkblende) ist normalerweise schwarz, kommt aber auch rot, grün und braun vor.

SPHALERIT

Chemische Zusammensetzung:
ZnS

Kristallsystem:	Kubisch
Härte:	3,5-4
Dichte:	3,9-4,1
Strichfarbe:	Weiß/hellbraun

Calcit setzt sich als »Belag« in Wasserkesseln ab und ist Hauptbestandteil von Kalkstein, Marmor, Kreide und Muscheln. In Kalksteinhöhlen bildet calcithaltiges Wasser Stalaktiten und Stalagmiten.

CALCIT

Chemische Zusammensetzung: $CaCO_3$

Kristallsystem:	Trigonal
Härte:	3
Dichte:	2,71
Strichfarbe:	Weiß/gräulich

OPAL

Chemische Zusammensetzung: $SiO_2.nH_2O$

Kristallsystem:	Nichtkristallin
Härte:	5,5-6,5
Dichte:	2,1
Strichfarbe:	Weiß

Im Gegensatz zu anderen Edelsteinen bildet der Opal keine Kristalle. Er besteht aus Silizium in harten Knollen, die durch Reflexion und Streuung des Lichts ein prächtiges Farbenspiel auf der Oberfläche hervorrufen. Der Opal enthält fünf bis zehn Prozent Wasser; er kann daher austrocknen und brüchig werden. Fluoresziert häufig unter UV-Licht.

Pyrit (oder Eisenkies) ist ein verbreitetes Mineral und heißt auch Katzengold, weil er leicht mit Gold verwechselt wird. Viele Fossilien bestehen aus Pyrit; in der Schmuckherstellung findet er seit Jahrtausenden Verwendung. Bei heftigem Anschlagen bildet er Funken.

PYRIT

Chemische Zusammensetzung:
FeS_2

Kristallsystem:	Kubisch
Härte:	6-6,5
Dichte:	5
Strichfarbe:	Grünlich schwarz

QUARZ

Chemische Zusammensetzung:
SiO_2

Kristallsystem:	Trigonal
Härte:	7
Dichte:	2,65
Strichfarbe:	Weiß

Quarz gehört zu den härtesten und verbreitetsten Mineralen der Erde; mit Ausnahme einiger stark basischer Gesteine kommt er überall vor. Die reinste Form ist der farblose Bergkristall. Weitere Varianten sind Amethyst (violett), Citrin (gelb) und Rosenquarz (rosa).

Die sekundären Minerale auf den Seiten 102-105 bilden sich oft in hydrothermalen Lagerstätten – das sind Gesteinsspalten, die sich mit heißen, mineralreichen Lösungen füllen.

ARSENOPYRIT

Chemische Zusammensetzung:
FeAsS

Kristallsystem:	Monoklin
Härte:	5,5-6
Dichte:	5,9-6,2
Strichfarbe:	Schwarz bis grau

Arsenopyrit, auch Arsenkies genannt, ist das verbreitetste arsenhaltige Mineral. Man findet es oft in Begleitung von Gold, Quarz und Zinn. Arsenopyrit bildet mitunter schöne Kristalle, häufig mit dicht schraffierten Flächen. Bei Erhitzung oder hartem Anschlagen riecht Arsenopyrit nach Knoblauch.

Der Name Cassiterit kommt von dem griechischen *kassiteros* (»Zinn«) her; Cassiterit ist das wichtigste Zinnerz. Besonders bekannte Vorkommen befinden sich in Malaysia. In Teilen von Mexiko kommt dieses Mineral in beeren-förmigen Trauben als so genannter Holzzinn vor. Cassiterit ist außerdem ein Halbedelstein.

CASSITERIT

Chemische Zusammensetzung:
SnO_2

Kristallsystem:	Tetragonal
Härte:	7
Dichte:	6,8-7
Strichfarbe:	Weiß/grau/braun

Der Name bedeutet »Bleierz«; dieses Mineral ist die wichtigste Quelle zur Gewinnung von Blei sowie, in geringerem Maße, von Silber. Eine Tonne Galenit enthält etwa ein Kilogramm Silber. Galenit bildet häufig würfelförmige Kristalle, die sich leicht in würfelige Partikel spalten. Frische Bruchstellen haben einen silbrig-grauen Glanz.

GALENIT (BLEIGLANZ)

Chemische Zusammensetzung:
PbS

Kristallsystem:	Kubisch
Härte:	2,5
Dichte:	7,58
Strichfarbe:	Bleigrau

GOLD

Chemische Zusammensetzung:
Au

Kristallsystem:	Kubisch
Härte:	2,5-3
Dichte:	19,3
Strichfarbe:	Goldgelb

Gold-Nuggets

Dendritisches Gold

Dieses seltene Metall war lange Zeit das Symbol für Macht und Reichtum. Es kommt in der Natur gediegen vor und erhält seinen Glanz über Jahrtausende hinweg. Trotz seiner Dichte und Schwere ist Gold weich und leicht zu bearbeiten.

Gasblasen lassen Hohlräume in Basaltlava entstehen, in denen sich Pektolith bildet. Häufige Begleitminerale sind Heulandit, Phillipsit und Analcim. Pektolith kommt meist in traubiger Form mit nadeligen Kristallen vor.

PEKTOLITH

Chemische Zusammensetzung: $NaCa_2Si_3O_8(OH)$

Kristallsystem:	Triklin
Härte:	4,5-5
Dichte:	2,74-2,88
Strichfarbe:	Weiß

Siderit ist ein wichtiges Eisenerz. Man findet ihn häufig in hydrothermalen Lagerstätten sowie in Kalkstein, der von eisenhaltigen Flüssigkeiten angegriffen wurde. Die Kristalle sind meist trigonal.

SIDERIT

Chemische Zusammensetzung: $FeCO_3$

Kristallsystem:	Trigonal
Härte:	4-4,5
Dichte:	3,96
Strichfarbe:	Weiß/gelblich

Stibnit ist das wichtigste Antimon (ein giftiges Metall). Man findet dieses Mineral nahe heißen Quellen, in hydrothermalen Lagerstätten und in mineral-haltigem Kalkstein. Es bildet Prismen-Kristalle, häufig mit Längsriffelungen.

STIBNIT

Chemische Zusammensetzung: Sb_2S_3

Kristallsystem:	Rhombisch
Härte:	2
Dichte:	4,6
Strichfarbe:	Bleigrau

Witherit, ein seltenes Karbonat, bildet sich, wenn in Kalziumkarbonat Barium an die Stelle des Kalziums tritt. Das Barium erhöht die Dichte und macht das Mineral stark giftig. Witherit bildet sich kontaktmetamorph und in hydrothermalen Lagerstätten zusammen mit Quarz, Calcit und Baryt.

WITHERIT

Chemische Zusammensetzung: $BaCO_3$

Kristallsystem:	Rhombisch
Härte:	3-3,5
Dichte:	4,29
Strichfarbe:	Weiß

Sedimentäre Minerale

In einigen Sedimentgesteinen, etwa in Kalkstein, bilden Minerale ihre Kristalle in niedrig temperierten Lösungen, häufig nahe der Oberfläche.

HALIT

Chemische Zusammensetzung: $NaCl$	
Kristallsystem:	Kubisch
Härte:	2
Dichte:	2,1-2,2
Strichfarbe:	Weiß

Mit Halit (auch: Steinsalz) würzen wir unser Essen. Es bleibt als Restprodukt bei der Verdunstung von Meerwasser übrig. In Sedimentgestein lagert vor Jahrmillionen gebildetes Halit in dicken Schichten.

HÄMATIT

Chemische Zusammensetzung: Fe_2O_3	
Kristallsystem:	Trigonal
Härte:	6,5
Dichte:	5,26
Strichfarbe:	Bräunlich bis kirschrot

Hämatit ist das wichtigste Eisenerz, einer der ältesten natürlichen Farbstoffe und findet außerdem als Schleifpulver Verwendung. Benannt ist er nach dem griechischen Wort für »Blut«; häufig verleiht Hämatit Erde oder Felsen ihre rote Farbe. Er kommt meist in nierenförmigen Klumpen vor.

PLATIN

Chemische Zusammensetzung:
Pt

Kristallsystem:	Kubisch
Härte:	4-4,5
Dichte:	21,4
Strichfarbe:	Weiß/stahlgrau

Das silbrige Metall Platin ist noch seltener und kostbarer als Gold. Es hat die doppelte Dichte von Silber und eine etwas höhere als Gold. Verwendet wird Platin zur Schmuckherstellung, in der Ölraffination und als Bestandteil von Katalysatoren, die Autoabgase reduzieren.

TÜRKIS

Chemische Zusammensetzung:
$CuAl_6(PO_4)_4(OH)_8.5H_2O$

Kristallsystem:	Triklin
Härte:	5-6
Dichte:	2,6-2,8
Strichfarbe:	Weiß/blassgrün

Die blau-grüne Farbe verdankt der Türkis seinem Kupfergehalt; dieses stark wasserhaltige Mineral findet man in trockenen, heißen Regionen. Türkis wird im Iran seit Jahrtausenden gewonnen; auch die alten Ägypter und die Azteken schätzten es sehr. Es bildet nur selten Kristalle.

Metamorphe Minerale

Wenn Hitze und Druck bestehendes Gestein umwandeln, entstehen neue Minerale (metamorphe Mineralbildung), die oft schöne Kristallformen haben.

ALBIT

Chemische Zusammensetzung:
$NaAlSi_3O_8$

Kristallsystem:	Triklin
Härte:	6-6,5
Dichte:	2,6-2,63
Strichfarbe:	Weiß

Diese wichtige Feldspat-Varietät kommt in metamorphen Gneisen und Glimmerschiefern sowie in magmatischem und Sedimentgestein vor. Albit ist meist weiß, als Edelstein hingegen häufig farblos.

Dieses Mineral bildet sich gern in Glimmerschiefer. Es gehört zu einer Granatgruppe, die von Schmuckherstellern besonders geschätzt wird. Der Name Granat stammt möglicherweise vom lateinischen *granatum* für »Granatapfel«, eine Frucht mit dunkelroten Kernen.

ALMANDIN (GRANAT)

Chemische Zusammensetzung:
$Fe_3Al_2(SiO_4)_3$

Kristallsystem:	Kubisch
Härte:	7-7,5
Dichte:	4,1-4,3
Strichfarbe:	Weiß

Epidot bildet sich als metamorphes Mineral aus stark
kalzium- und aluminium-
haltigem Gestein. In Lagerstätten formt es sehr schöne
Kristalle. Bei relativ hoher
Dichte ist Epidot brüchig
und wird daher selten zum
Edelstein geschliffen.

EPIDOT

Chemische Zusammensetzung:
$Ca_2(Al,Fe)_3(SiO_4)_3(OH)$

Kristallsystem:	Monoklin
Härte:	6-7
Dichte:	3,35-3,5
Strichfarbe:	Weiß/grau

CYANIT

Chemische Zusammensetzung:
Al_2SiO_5

Kristallsystem:	Triklin
Härte:	4-7
Dichte:	3,53-3,67
Strichfarbe:	Farblos

Cyanit findet man in metamorphen Gneisen,
in Glimmerschiefern und in Pegmatiten (Ablagerungen in metamorphem Gestein). Sein Vorkommen in Glimmerschiefern erlaubt
Rückschlüsse auf Temperatur und Druckverhältnisse. Cyanit-Kristalle
sind meist blau oder weiß; lange Kristalle lassen sich verbiegen.

STAUROLITH

Chemische Zusammensetzung:
$(Fe,Mg,Zn)_2Al_9(Si,Al)_4O_{22}(OH)_2$

Kristallsystem:	Rhombisch
Härte:	7-7,5
Dichte:	3,65-3,83
Strichfarbe:	Farblos/gräulich

Charakteristisch für dieses
Mineral, dessen Name sich
von dem griechischen Wort
für »Kreuz« ableitet, sind
die kreuzförmigen Kristalle.
Es bildet sich tief in der
Gesteinskruste von Gneisen
und Glimmerschiefern.

AKTINOLITH

Chemische Zusammensetzung:
$Ca_2(Mg,Fe)_5Si_8O_{22}(OH)_2$

Kristallsystem:	Monoklin
Härte:	5-6
Dichte:	3,00-3,2
Strichfarbe:	Weiß

Aktinolith bildet sich in
metamorphem Gestein
aus Basalt, Andesit oder
Tonstein. Die Varietät
Nephrit zieren häufig
dunkelgrüne Ornamente.

KORUND

Chemische Zusammensetzung:
Al_2O_3

Kristallsystem:	Trigonal
Härte:	9
Dichte:	4,0-4,1
Strichfarbe:	Weiß

Dieses (nach Diamant)
zweithärteste Mineral ergibt ein gutes
Schleifmittel. Schmirgel, ein Schleif- und
Schärfmaterial, enthält überwiegend Korund.
Roter Korund (Rubin) und blauer Korund (Saphir) sind seltene
und wertvolle Edelsteine.

Dieses große, Kristalle
bildende Mineral findet
man in Glimmerschiefern
und Gneisen, in Peg-
matiten, Erzlagerstätten
und in der Kontaktzone
von Granitgestein. Mit-
unter bilden Varietäten
einen dünnen Überzug aus
Glimmerschiefer aus.

ANDALUSIT

Chemische Zusammensetzung:
Al_2SiO_5

Kristallsystem:	Rhombisch
Härte:	7,5
Dichte:	3,13-3,16
Strichfarbe:	Weiß

Glossar

Antimon: Giftiges metallisches Element. Kommt oft in Stibnit vor.

Basisches Gestein: Magmatisches Gestein mit einem Kieselsäuregehalt von 45-55% und weniger als 1% Quarzanteil.

Batholith: Riesige, kuppelförmige magmatische unterirdische Intrusion, die beim Abkühlen meist Granitgestein bildet.

Bindemittel: Stoff, der einzelne Körner in Sedimentgestein verbackt.

Delta: Gehäufte Sedimentablagerung an der Mündung eines Flusses ins Meer.

Dyke: Vertikal zum bestehenden Gestein verlaufender Magmaschicht (magmatischer Intrusionskörper).

Edelstein: Durch besondere Schönheit, Farbe, Seltenheit und Haltbarkeit hervorgehobenes Mineral. Facettiert und geschliffen dient es als Schmuckstück.

Element: Stoff, der sich chemisch nicht weiter zerlegen lässt.

Epizentrum: Senkrecht über einem Erdbebenherd liegendes Gebiet an der Erdoberfläche.

Erdbeben: Starke Erschütterung oder Erzittern des Erdbodens.

Erdkern: Aus Eisen und Nickel bestehender Mittelpunkt der Erde.

Erdkruste: Dünne, äußere Felsschicht der Erde.

Erdmantel: Gesteinsschicht zwischen Erdkruste und Erdkern.

Ergussgestein (extrusives): An der Erdoberfläche gebildetes magmatisches Gestein.

Erosion: Abtragung von Gestein durch Wind, Wasser oder Eis.

Erz: Bezeichnung für ein in der Natur vorkommendes Mineralgemenge, aus dem sich Metalle oder andere wertvolle Stoffe abbauen lassen.

Fluoreszenz: Eigenschaft eines Stoffes, kurzwellige (unsichtbare) Lichtstrahlung zu absorbieren und als langwellige (sichtbare) Strahlung auszusenden.

Formation: Geschichtetes Sedimentgestein.

Fossile Brennstoffe: Brennstoffe (etwa Kohle, Öl oder Erdgas), die aus den fossilen Überresten lebender Organismen gebildet werden.

Fossilien: Erhaltene Überreste oder Abdrucke von Tieren oder Pflanzen in Gestein.

Frostsprengung: Spaltung von Gestein durch wiederholten Wechsel von Frost zu Tauwetter.

Geologie: Das wissenschaftliche Studium der Erde.

Gletscher: Aus komprimiertem Schnee gebildeter, riesiger und langlebiger Eisstrom.

Habitus: Allgemeines äußeres Erscheinungsbild eines Minerals.

Horizont (Zone): Einzelne Bodenschicht mit spezifischer Färbung, Struktur und Mineralzusammensetzung.

Hydrothermale Lagerstätte: Gesteinsspalten mit heißen, wässrigen Lösungen, die aus Tiefengestein stammen.

Intrusion: Eindringen von Magma in die Erdkruste, wo es erstarrt.

Karbon: Zweitjüngste Formation des Erdaltertums (vor 355 bis 290 Millionen Jahren), in der sich Kohlenflöze bildeten.

Kontaktmetamorphe Mineralbildung: Prozess der Umgestaltung bestehenden Gesteins durch Hitze in neues Gestein.

Kontinent: Eine der sieben großen, zusammenhängenden Landflächen der Erde.

Kontinentalverschiebung: Theorie, der zufolge die Kontinente über die Erdoberfläche wandern.

Kristall: Mineralform mit ebenen Flächen, scharfen Kanten und symmetrischen Ecken.

Lakkolith: Untertassenförmiger magmatischer Intrusionskörper.

Lava: Aus Vulkanen ausgeworfenes geschmolzenes Magma.

Mäander: Flussschleife.

Magma: Geschmolzenes unterirdisches Gestein.

Magmatisches Gestein: Aus unter- oder oberirdisch erstarrtem Magma gebildetes Gestein.

Metamorphes Gestein: Durch Hitze oder Druck umgewandeltes magmatisches oder Sedimentgestein.

Meteorit: Gesteinskörper aus dem All, der nach Eindringen in die Erdatmosphäre in die Erdoberfläche einschlägt.

Minerale: Natürlich entstandene, kristalline Körper mit definierter chemischer Zusammensetzung und einer regelmäßigen inneren Atomstruktur. Minerale bestehen nicht aus Tier- oder Pflanzenresten.

Mineralogie: Studium der Minerale.

Mittelozeanischer Rücken: Riesiger Gebirgszug unter dem Ozean.

Mohs-Skala: Mustertabelle von zehn Mineralen in aufsteigender Reihenfolge ihres Härtegrads, an der sich die relative Härte anderer Minerale messen lässt.

Moräne: Von Gletschern mit transportierte oder nach dem Abschmelzen zurückgelassene Ansammlungen von Gesteinsbrocken, Findlingen und Ton.

Organisches Gestein: Aus pflanzlichen oder tierischen Überresten gebildetes Gestein (zum Beispiel Kohle).

Paläontologie: Wissenschaft von den ausgestorbenen Lebewesen und ihrer Entwicklung im Verlauf der Erdgeschichte.

Pangäa: Vor 200 Millionen Jahren auseinander gebrochener Super-Kontinent, aus dem sich die heutigen Kontinente bildeten.

Pegmatit: In der Endphase der Kristallisation aus dünnflüssig

gewordenem Magma beim Erstarren gebildetes, magmatisches Gestein, mithäufig großen Kristallen.

Periodensystem: Tabelle der nach ihrer Ordnungszahl angeordneten chemischen Elemente (siehe S. 80).

Petrologie: Studium der Gesteine.

Platte: Große, bewegliche Gesteinsscholle; Teil der Erdoberfläche.

Plattentektonik: Theorie, der zufolge die Erdoberfläche aus riesigen, dicken Platten besteht, die sich langsam verschieben und dabei ihre Form ändern.

Plutone: Große Tiefengesteinskörper innerhalb der Erdkruste.

Plutonisches Gestein: Größere Masse magmatischen Gesteins, das sich beim Erstarren von Magma tief unter der Erdoberfläche bildet.

Regionalmetamorphose: Prozess, bei dem bestehendes Gestein durch Hitze und Druck in neues Gestein übergeht – meist bei der Gebirgsbildung.

Saltation: Bodennahe, hüpfende Fortbewegung eines Sandpartikels in Wind- oder Wasserströmung.

Saures Gestein: Magmatisches Gestein mit einem Kieselsäuregehalt über 65% und einem Quarzanteil über 10%.

Schichtungsebene: Bruchstelle zwischen den unterschiedlichen Schichten von Sedimentgestein.

Schieferung: Zusammenschluss von Kristallen in metamorphem Gestein.

Schwerkraft: Anziehungskraft der Erde, die alle darauf befindlichen Körper am Boden hält.

Sedimentgestein: Aus Geröll, pflanzlichen oder tierischen Resten oder durch Ausfällen (Verdunstung oder veränderte chemische Zusammensetzung) einer Lösung entstandenes Schichtgestein.

Senkungsgraben: Durch Absinken eines Bodenabschnitts gebildetes Tal zwischen zwei Verwerfungen.

Spaltbarkeit: Bruchanfälligkeit eines Minerals auf Grund seiner molekularen Struktur. Bezeichnet auch die Bruchlinie von Schiefer.

Spezifisches Gewicht (SG): Auch »Dichte«; Gewicht eines Minerals im Vergleich zum Gewicht einer äquivalenten Menge Wasser.

Stalagmit: Aus dem Höhlenboden »emporwachsende« dünne Säule aus Calcit.

Stalaktit: Von Höhlendecken herabhängender dünner Zapfen aus Calcit.

Strichfarbe: Beim Abrieb eines Minerals auf einer rauen Porzellantafel entstehende pulvrige Spur.

Tiefengestein (intrusives): Unterirdisch gebildetes magmatisches Gestein.

Überschwemmungsebene: Flaches Gebiet zu beiden Seiten eines Flusses, meist nahe der Mündung.

Verdunstung: Unterhalb des Siedepunkts sich vollziehender Übergang einer Flüssigkeit in Gas oder Dampf.

Versteinertes Holz: Anorganische Kieselerde ersetzt die organischen Bestandteile von unterirdisch begrabenem Holz; daraus entsteht ein hartes Gesteinsmaterial.

Verwerfung: Spalt in der Erdkruste, wo Gesteinsschollen sich aneinander reiben.

Verwitterung: Graduelle Abtragung der oberirdischen Felsen durch Wettereinwirkung oder chemische Prozesse.

Register

Internetadressen:

Internetseiten werden ständig aktualisiert.
Hier einige Adressen zu einzelnen Themen:

STEINE:
• http://www.crystalgrowing.com
• http://www.edelsteinmuseum.de
• http://www.heilstein.de

STEINE UND FOSSILIEN:
• http://www.fossiliengalerie.de
• http://www.budstone.de
• http://www.mineralien-fossilien.de

GEOGRAFIE:
• http://www.nationalgeographic.de

GLETSCHER:
• http://www.uni-kiel.de/ewf/
geographie/forum/links/li_eisgl.htm
• http://www.educeth.ethz.ch/
geographie/puzzles/gletscher/
einfuehr.html

HÖHLEN:
• http://www.lhk-nrw.de
• http://www.geo.uni-bayreuth.de/
hydrologie/striebel/speleo/deutschd.
html

VULKANE:
• http://www.iml.rwth-aachen.de

ERDBEBEN:
• http://www.zamg.ac.at/geophys/
erdfaq.htm

· ·

Bildnachweis:

Die Verleger danken Gregory, Bottley und Lloyd für die Bereitstellung der hier abgebildeten Steine und Minerale.

l = links; r = rechts; o = oben; u = unten; m = Mitte

ILLUSTRATIONEN
David Bergen/Virgil Pomfret Agency 38–39; Richard Bonson 30–31, 44–45; Eugene Fleury 12–13 (maps), 16, 21u, 81; Gary Hincks 26, 34, 45ol; Rob Jakeway 46–47; Mainline Design 23o, 54–55m, 56–57; Peter Bull Art Studio 9, 21o; Jonathan Potter 22–23u, 48–49; Eric Robson 12–13; Colin Salmon 10–11r; Peter Sarson/Richard Chase more 17, 33, 36–37, 51; Roger Stewart 10–11m, 14–15, 24–25, 42–43, 55u

FOTOS
Alle Fotos von Ken Davies/Ark Digital Solutions, außer:

4o Jim Sugar Photography/Corbis; 4m,u Geoscience Features Picture Library; 5o Corbis; 6/7 Jim Sugar Photography/Corbis; 8o,15 Corbis; 17 Derek Hall/Frank Lane Picture Agency; 18/19 Geoscience Features Picture Library; 20o Tainturier/Jerrican/Science Photo Library; 20u Geoscience Features Picture Library; 25l Corbis; 25r Oliver Strewe/Gettyone Stone; 27u Simon Harris/Robert Harding Picture Library; 28, 29u Robert Harding Picture Library; 29o Corbis; 31 Paul Chesley/Gettyone Stone; 32 Robert Frerck/Robert Harding Picture Library; 35o Charles O'Rear/Corbis; 37 Ed Eckstein/Corbis; 38/39 Charles & Josette Lenars/Corbis; 40/41 Geoscience Features Picture Library; 43 Massimo Sestini/Rex Features; 47 Corbis; 49 Tony Martin/www.osf.uk.com; 50/51 Tom Moore/Corbis; 51 Robert Harding Picture Library; 52/53, 54/55 James L. Amos/Corbis; 56/57 The Natural History Museum, London; 57 Tony Waltham/Robert Harding Picture Library; 58o Sinclair Stammers/Science Photo Library; 59u Robert Harding Picture Library; 60o Sinclair Stammers/Science Photo Library; 61u The Natural History Museum, London; 62/63 Art Wolfe/Gettyone Stone; 78/79 Martin Land/Science Photo Library; 84 Breck P. Kent/www.osf.uk.com; 85 Alfred Pasieka/Science Photo Library.